臨床心理士の子育て相談

悩めるママとパパに
寄り添う
48のアドバイス

高石恭子

人文書院

もくじ

9 そして母親とは？ 子どもを、家族を愛するとは？

臨床心理士の子育て相談——悩めるママとパパに寄り添う48のアドバイス

はじめに

世のなかには、子育てのガイドや情報誌があふれています。赤ちゃんは天使、ママライフはこんなに素敵、と美しいイメージを流しています。インターネットの世界をのぞけば、子育て中の母親たちのコミュニティがあり、ブログ（日記）があります。そこでは、画像入りでわが子の成長ぶりを自慢することもできれば、まだ会ったことのない遠くの誰かとリアルタイムで情報交換することもできます。

公的な領域ではどうでしょうか。政党はこぞって「子育て支援の充実」をマニフェストに掲げ、父親の育児を促すキャンペーンを張り、自治体や企業は「子育て支援」をしているとうたうことがイメージアップにつながる昨今です。法制度も徐々に改正され、女性も男性も、子育てのために仕事を調整できる権利が拡大しつつあります。それらの権利が、現実にどれくらい行使できる状況にあるのかは疑問だとしても、保育所入所が子育てに欠ける子どもへの「措置」だった一九九〇年代に比べれば、親が主体的に選べる社会的な子育て支援のバリエーションは、確かにずいぶん広がったように思えます。

それでもなお、子どもをめぐる不幸なニュースが後を絶たないのはどうしてでしょう。全国の児童相談所で扱われた子どもの虐待相談件数は、二〇〇八年度で四万二六六二件。年々増加の一途をたどり、一八年前の約四〇倍に達しています。少子化で子どもの数が減っているにもかかわらず、私たちの社会はその「少ない子ども」を無事に育てられなくなっているのです。また、思春期・青年期を迎えた子どもが親や家族を殺傷する事件も、統計的な増減はさておくとして、たびたび大きく報道され、多くの人びとの不安を掻き立てています。

親と子の関係に、かつてとは違う、何かうまくいかない状況が生じていることは確かなように思えます。そしてその「何か」はおそらく、どんなに制度としての支援を図っても、それだけでは解消できないものなのです。そう、私たちは、支援の手の届かない、あるいはさまざまな理由から助けを求める手を伸ばすことをためらう、一人ひとりの「こころ」の問題に、もっと真剣に取り組む必要があるのではないでしょうか。複雑で奥深い、一人ひとりのこころの声に耳を澄まし、もっとそこから多くを学ぶ必要があるのではないでしょうか。

本書は私が、ある企業の開設するインターネットの子育て支援サイトの相談室に、臨床心理士として三年半余たずさわった経験から生まれました。私自身、戦後の高度経済成長時代に、典型的な核家族の一人っ子として育ち、学業と仕事に長い時間を費やし、三〇歳を過ぎるまで自分が「母親」になるなど想像もつかなかったという部類の人間です。たまたま二人の子どもに恵まれ、今もまだ現役の子育て中ですが、その過程では、たとえて言うなら、陸上の四百メートルハードル走の途中で突然、対岸の見えない大海原に投げ出されて遠泳を命じられたような、驚きと戸惑いの日々がありました。深い海のなかでは、いくら力を込めて足を踏ん張っても、沈んでいくばかりです。やってくる波のリズムに身を委ね、波間で上手に呼吸する方法など、それまでの人生で誰も教えてくれなかったことに初めて気づいたのです。
　そんなふうに、じたばたともがいていた頃、子育てのことを書いたり話したりする仕事が私に舞い込んでくるようになりました。女性で、臨床心理士で、子育て中だから、という理由だったのだろうと思います（当時は、まだ少数派でした）。先に述べた「ネット相談室」のアドバイザーもその一つです。私の本務は学生相談で、発達心理や保育の専門家ではありません。そのうえ自分自身の子育てさえ覚束ない状況で、引き受けてよいものか迷いました。しかし、思い直してみると、そんな私の立場からこそ言えること、伝えられることがあるのではないかと考えるようになりました。臨床心理士は、一人ひとりの人間と向き合い、相手のこころに寄り添い、その人らしい人生を歩んでいく道程を支える専門性のうえに成り立つしごとです。科学的に何が正しいかを示すのではなく、その時、その場で、生きているその「人」にとっての真実をともに探し、引き受けていこうとする専門家です。それならば、逃げずに自分自身とも向き合い、そのなかから語れることを言葉にしてみようと決心しました。

　妊娠・出産・子育てという人生の経験をするとき、私たちはどんな未知の感情に出会い、どんな古き感情を呼び覚まされるのでしょう。また、どんなふうにそれらを理解し、抱え、自分のこころにおさめていけばよいのでしょうか。母親の数だけ母親の思いがあり、父親の数だけ父親の思いがあります。私は三年半余のあいだ、ネット相談室を通して出会った、のべ千数百人の質問者の思いに胸打たれることの連続でした。残念ながら、その相談室はすでに閉じられてしまったのですが、これらの人々の思いに応えようとして私が紡いできた言葉は、幸い子育てにかかわる多くの方に共感を得ることができました。このたび、本にまとめ直すことでもっと多くの読者の方に届けようというお誘いを人文書院編集部の井上裕美さんからいただき、本書が編まれることになったのです。

私が本書で試みようとしたのは、子育てについての「正解」や「模範」や「標準」を示すのではなく、臨床心理士として、子育てにかかわる一人ひとりの具体的な悩めるこころに寄り添うということです。子育てをめぐって湧き起こるあらゆる感情のなかでも、未分化で、混沌としていて、否定的で、ときに破壊的でさえあるこころの動きをていねいに見つめ、それらを「在るもの」としてありのままに捉えることを、基本的な姿勢としたつもりです。目次を見ていただけばわかるように、子育ての教科書や情報誌では正面から扱われることの少ない、日常場面ではなかなか語ることの難しいテーマを、敢えて選んで取り上げています。

したがって、本書はQ&Aの形式を取っていますが、よくある「ハウツーの知識」や、「わかりやすい回答」を提供するものではありません。読めば子育てが「楽になる」と約束するようなものでもありません。一つひとつの質問は、特定の誰かのものではなく、ネット相談室に寄せられたユーザーメールや、私がこれまでの相談場面で出会ったクライエントの方々の語りや、何より私自身の子育て経験から、編集部の井上さんとの共同作業で書き下ろしたものです。その意味では創作ですけれども、語られた感情のエッセンスの部分は、事実そのままに残しています。誇張も脚色もありません。質問者の構成は、妊娠中から学童期の子どもをもつ親となっていますが、子育て中の方ならきっと、年齢を超えて、質問のあちこちに自分自身と同じ思いを見つけることができるでしょう。

どうぞ、関心をもたれた章から、目にとまった質問から、自由に読んでいってください。自らの子育てについて悩んだり迷ったりしているお母さん、お父さんはもちろん、その子育てを周囲で支える祖父母、家族のみなさんにも、また子育て支援や保育、教育にかかわる仕事をされている方々にも、臨床心理士という仕事に興味を抱いている人にも、広く手にとっていただけたらと思います。

もっとも、「回答」を期待する読者の方にとっては、読めば読むほど謎が深まるかもしれません。むしろそのほうが私にとっては本望です。子育てという営みを通して、私たちはどのように複雑で多様で奥深い感情を体験することができるのか。本書が、かけがえのないその思いの一つひとつを理解する手がかりを見つけ、子どもと共に、より豊かに生きていくための手助けとなることを願います。

二〇一〇年一月

高石　恭子

1

子どもが可愛いと思えない

母親になったからといって、誰でもみな無条件に子どもの世話が好きになるわけではないのは、父親になったからといって、すべての男性が息子とのキャッチボールが好きになるのではないのと同じです。同様に、「お腹を痛めたわが子なら可愛いはず」という信念に何の合理的根拠もないことは、無痛分娩が主流のフランスで、わが子を虐待する母親が日本のように社会問題化していない事実からもわかります。

にもかかわらず、聖母マリアの時代から脈々と続く「母性」への幻想はいまだ根強く、現代を生きる私たちのこころを縛り続けています。母親になった女性はみな、わが子を愛しみ、守り育てるものだという期待を、意識的、無意識的に多くの人がもっています。私自身も、最初の子どもが生まれたとき、周囲の年長の方々からそろって「いいわね」「可愛いでしょう」「今が一番楽しい時よ」という言葉のシャワーを浴び、違和感を抱いたことを覚えています。祝福されるのは嬉しいことですが、何か、それ以外の感情を表明してはならないような、社会がもつ暗黙のタブーのようなものを感じていたのです。

近年、さかんに政府や民間の教育研究所が大規模な子育ての意識調査を実施していますが、そこにも私は腑に落ちないものを感じます。気持ちを一本の尺度で測ることに、そもそも無理があると言えますが、どの結果を見ても、「毎日の子育ては楽しいですか?」という趣旨の設問に、九割近い母親が肯定的に答えているのです。ほとんどの母親が子育ては楽しいと答える国で、なぜ生まれる子どもは減り続けていくのでしょう。

一方、総務省が一九八七年と一九九五年に行った子育て意識の国際比較調査では、「なぜ子どもを産み育てますか?」という趣旨の設問に対し、「楽しいから」という理由を選択した母親は二割に過ぎませんでした。欧米の母親の六割、七割が「楽しいから」と答えているのとはまるで対照的です。現代の日本の母親は、家のためにでもなく、労働力のためでもなく、「自分自身の成長のため」に子どもを産み育てるという意識をもっているにもかかわらず、子育ては楽しくないと感じているらしいことが、問い方を変えた調査から見えてくるのです。

つまり、ここから想像できるのは、子育ては楽しいもの、子どもは可愛いもの、といった社会のもつ一面的な幻想に自分を合わせようとして、かえって主体的に子育てを楽しむことから遠ざかっている日本の母親たちの姿です。

核家族の密室で、もっぱら母子が向き合うような子育てが普通になった今日の母親にとって、現実に子どもとの間に湧き起こる感情は、強烈で抜き差しならないものがあります。好きと嫌い、可愛さと憎さは分かちがたく結びつき、その瞬間瞬間に、さまざまな色合いで意識されるのです。

本章では、そんな相反する感情の波に圧倒され、呑み込まれそうになったとき、とりわけその否定的な気持ちをどう受け止め、理解し、自分でどう扱っていけばよいかを考えてみたいと思います。最初にこの章を置いたのは、ここに挙げた内容が、私に寄せられた最多にして代表的な母親の声だったからです。それなりに人生をまじめに生きてきて、人並に逆境も乗り越えてきたはずなのに、「母親」になった途端、自分が途方もなくダメでひどい人間に転落したみたいに思え、自分を責め苛んでいる女性がいかに多いことか。深夜、家族が寝静まった後、一人でパソコンの前に座り、孤立無援の気持ちを何とかしてもちこたえようとする無数の母親たちの息遣いを、行間から感じていただけたらと思います。

Q1 衝動的にすべてがイヤになってしまいました（30代女性）

二人の子どもの母です。上の子はもうすぐ四歳、下の子はまだ三ヵ月です。夫は仕事のため毎日深夜にしか帰ってきません。私も夫も、両親は遠方に住んでいて頼れません。最近はずっと寝不足で、疲れがたまっていたのに加え、朝から上の子が遊んでほしがり、おもちゃを散らかして言うことを聞いてくれないので、思わず「いい加減にしなさい！」と怒鳴って蹴飛ばしてしまいました。びっくりした上の子は泣きだし、下の子も泣きだし、しまったと思って私も泣きながら子どもたちを抱きしめたのですが、そのあと何もかもイヤになって死にたくなり、衝動的にベランダに飛び出してしまいました（私はマンションの六階に住んでいます）。

こんなふうに全てを投げ出したくなった気持ちははじめてで、母親失格だと思い、一人ベランダで涙がとまりませんでした。少したって、子どもたちをお昼寝させたら気持ちも収まってきたのですが、またこんなことが起きたらと思うと怖くてたまりません。どうしたらいいのでしょうか。

A 1 母親にも、甘えることのできる環境が必要

乳児と幼児を抱え、一人ベランダで泣いても誰も助けに来てくれない……。まるで現代の育児事情を象徴するような光景に、私も胸が痛みます。無邪気に、渾身《こんしん》の力で甘えてくるわが子をちゃんと受け止めるには、若い母親自身がじゅうぶん甘えることのできる母性的な環境が必要なのに、それがなかなか与えられない時代なのです。

〝環境〟というと難しく聞こえるかもしれませんが、それはたとえば、自分の努力が限界に達したとき、どんなに正しくありがたいアドバイスより、〝今〟この子を抱いて、泣き声の届かない別室へ連れていってくれる誰かの手助けが得られるということ。また、社会の宝を産んだあなたに敬意をはらい、子育ての知恵を伝授してくれる、家族や地域の人びとがいてくれるということです。

とはいえ、失われた子育て環境を恨めしく思っていても仕方ありません。もしもまた激しい衝動の波がやって来たら、とりあえずトイレに駆け込んで（現代の住宅事情では、合法的に母親が一人になれる唯一の場所です）、三回大きく深呼吸しましょう。それからお子さんに聞こえないように友人に電話して、たとえば「うちの子を壁にシュートしたくなったわ！」「洗濯機におむつといっしょに放り込んでやる！」と衝動を言葉にして話してみましょう。特定の友人ばかりだと相手が疲れるでしょうから、複数の（できれば子育て経験のある）友人と、一年契約ぐらいで、〝爆発しそうになったら突然電話しても

よい〟約束を取りつけておくとよいと思います。たいていの人はその気持ちを理解し、共感してくれるはずです。そしてできれば、「そうねー、柔軟剤を入れたらふっくら仕上がるかもよ」ぐらいの、ユーモアの効いた返事をしてくれる先輩ママがいいですね。

〝話す〟ことは、〝離す〟ことに通じます。混乱した強烈な感情も、話すことによって自分から少し距離を置いたものとなり、客観的に事態をながめる力を回復させる助けとなります。電話できる友人がすぐ見つからないようなら、公的なサービスや専門家の助けを利用しましょう。最近は、さまざまな相談ホットラインが整備されてきています。保育所や幼稚園などでも無料電話相談を行っているところがありますから、もよりの窓口を探してみてください。そして、今だからこそ必要な、ママが安心して甘えられる環境（人とのかかわり）を見つけ出して下さい。

Q2 一生懸命子どもを好きになろうとしているのに、難しいです（30代女性）

私は子どもが嫌いです。それなら産まなければよいと思われるかもしれませんが、結婚後、子どもが欲しくなったのです。妊娠中は、エコーに写ったわが子がとても可愛く思え、育てるのが楽しみでした。でも産んでみると、やっぱりダメでした。現在、娘は二歳過ぎで反抗期はピークに達し、私の子ども嫌いもピークに達しています。子どもが嫌いだなんて、ひどい親だと思われるので誰にも言えずにいました。私は、絵本を読んであげるのも、公園に行くのも好きではありません。べたべたするのも苦手です。娘に「ママ遊ぼう」と言われると、追い詰められた気持ちになってしまいます。

こうして文章にすると、改めてひどい母親だと自分でも思います。一生懸命子どもを好きになろうとして努力してきましたが、難しいです。子どもを産んでから、よその子は少しは可愛いと感じられるようになったので、自分の子も預かりものなんだと思えば可愛くなるかもしれないと意識するのですが、やはり一緒にいると耐えられず、怒鳴ってしまいます。からだに触られると、振りほどいてしまいます。これではいけないと感じ、来月から保育所に預けて働きに出ることにしました。

主人は子どもが大好きで、家事もとてもよくやってくれ、特に言うことはありません。でも、子どもが好きになれない私のような人間は、どうやって子どもを育てたらいいでしょうか。こんな疑問をもつ母親は、いないものなのでしょうか……。

A2 母性も個性の一つとして考えてみる

私たちのなかには、女性ならみんな子どもが好きで、母親ならみんな喜んで子どもの世話をするもの、という〝ファンタジー〟があります。男性ならみんな戦いが好きで、英雄になりたがるもの、という思い込みと同様に。でも、現実はそんな単純なものではありません。日なが、くるくると変わる赤ん坊の表情を見て至福の気分に浸ったり、小さな足に靴を履かせるのにわくわくしたり、暑い公園で何時間も砂場遊びにつき合ったり、ブランコの背を押すのが楽しくてたまらないという女性は、全体の一部にすぎないでしょう。

伝統的な社会ならいざしらず、現代は、女性も男性も「自分」という個人を生きようとすることが許容される時代です。自分の個性を最大限に花開かせる生き方を選び、その人生に責任をもつということです。結婚しない、子どもをもたないという選択もあります。ひたすらキャリアを追求するという選択もあります。小さな生命を慈しみ、守り育てるという「母性」も、それら多くの個性のうちの一つと考えてみてはどうでしょうか。

ファッション誌『25ans（ヴァンサンカン）』の元編集者で、各国を移り住みながら子育てし、現在はスイス在住のジャーナリスト、長坂道子さんは、『世界一ぜいたくな子育て――欲張り世代の各国「母親」事情』（光文社新書）という著書のなかで、母性を〝個性〟として考えようと提案しています。母親になったからこうあるべき、という規範にとらわれるのではなく、自分の個性（女性、妻、母、職業人。自分を支える比率はそれぞれに異なるはずです）をしっかり意識し、その〝私らしい母業のこなし方〟を肯定してみるということです。自分の個性は母性にはない、という女性がいても何ら不思議ではありません。大切なのは、その自覚をもったうえで、どのようにわが子の子育てに責任をもって臨めるかということです。

私は昔から子供が嫌いだ。そんな私がうっかり母になって六年が経つ。お陰で『子供は嫌い』から何とか

『子供は苦手』にまで成長したが、この六年間は戸惑いと、反省と、情報収集に明け暮れた日々だったように思う…

そんな出だしの「あとがき」で締めくくられているのは、漫画家の井上きみどりさんが、ステージママから受刑者まで、全国の特徴ある親子を取材して書いた『ニッポンの子育て』（集英社文庫）という本です。彼女は、『子供なんか大キライ！』（集英社）というタイトルのリアルな長編子育て漫画の作者としても知られています。いずれもギャグタッチですが、「子どもが嫌い」という井上さん自身の感情を逆に正面から見据え、嫌いながらもどうやって子どもを育てていけるかを実体験や取材から探った、なかなか真面目な作品だと私は思います。

子どもは、効率化社会に向けて突っ走る現代人が切り捨ててきた、多くのものを体現しています。未分化なままの衝動、延々とくりかえす時間（進歩とは正反対の）、無秩序、意味のない（ように見える）遊び、生き延びるための貪欲さ、純粋さ（と残酷さ）など。忌避したい気持ちがはたらくのは、母親になった女性であっても同じでしょう。それらを受け入れていくには、多くの経験の束が必要です。たとえ今は子どもが嫌いであっても、一生懸命世話をし、わが子がさまざまな反応を見せてくれるなかで、母と子の自我と自我の戦いの隙間にふとこころが和んだり、自分自身の成長に気づいたりする地道な営みを通して、少しずつ子どもへの思いは変わっていくのではないでしょうか。

仕事を始めてお子さんと距離が置けてもなお、ご自身を責める気持ちとうまく折り合えないときは、ぜひ前掲した本や漫画を参照してみてください。ちなみに、井上さんの夫もきわめて〝母性的なパパ〟のようです。きっと、こころに響くものがあると思いますよ。

Q3 子どもの夜泣きにイライラし、叩いてしまいます（30代女性）

一歳一一ヵ月の息子は、一ヵ月ほど前から始まった私への後追いがこのところ激しくなり、食事を作るのも、トイレに行くのもままなりません。やっと寝ても、二〜三時間で起きてしまうことが多く、そのたびに泣き続けるのでほとんど夜も眠れません。うとうとしたと思ったら子どもの夜泣き。そのたびに抱いてあやしています。ひどいときは、主人も目がさめて代わってくれようとするのですが、普段あまり家にいないからか、ますます激しく泣かれてしまいます。仕方なく、深夜に私が公園まで子どもを抱いて出ていくこともあります。

そんなわけで、慢性的に疲れてイライラし、最近はちょっとしたことでカッとなって、子どもを叩いてしまうようになりました。子どもは食欲もあり、元気で、こんなに夜泣きがひどい原因がわかりません。相談しようにも、夫の転勤で越してきたばかりで周りに知り合いがいません。子どもが憎く思え、毎日のように、逃げ出したい気持ちに駆られます。私が変わらないと……と思うのですが、どう変わっていいのかわかりません。

A3 伝統的な子守唄の知恵に学ぶ

子どもが泣きやまないというのが、密室で向き合う若い母親にとってどれほどの恐ろしい体験か、一般にはなかなか実感として理解されにくいものではないでしょうか。どんなに熟睡していても、あるいは騒がしい雑踏の中でも、〝わが子〟の泣き声が聴き分けられてしまうほど、乳幼児をもつ母親のセンサーは鋭敏になっているのが普通です。同じ泣き声でも、超高感度のセンサーには、他人が聴き取るのとは全く違うレベルで刺激が入ってきます。狭い空間で夜に延々とわが子に泣き続けられると、世界中が自分を責め立てているような孤独感と無力感に襲われても不思議ではないのです。

〝こんなに一生懸命やっているのに、なぜ責められるの？〟という思いは、やがて怒りや憎しみに変わります。わが子が「憎い」「腹立たしい」という気持ちは、意識するとせざるとにかかわらず、すべての母親が子育ての過程のどこかで抱くものでしょう。そんな思いを、かつてビデオやＣＤのなかった時代の女性たちは、子守唄に込めてうたっていました。

ねんねこしゃっしゃりませ　寝た子のかわいさ
起きて泣く子の　ねんころろん
つらにくい　ねんころろん　ねんころろん

これは今でも親しまれている「中国地方の子守唄」ですが、実はもううたわれていない次のような二番があったそうです。

つらのにくい子を　まな板にのせてさ
青菜切るよに　ねんころろん
じょきじょきと　ねんころろん　ねんころろん

これをうたっていたのは、実の母親だけでなく、子守奉公に出された少女たちでもあっただろうと思われます。泣く子を包丁で切り刻む光景をイメージに浮かべながら、重荷を捨てて逃げ出せないつらさを慰めていたのでしょう（松尾恒子編『母と子の心理療法』創元社、二六ページ参照）。想像し、うたい、声に出してみれば、現実に子どもを叩いたり傷つけたりせずにいられることを、昔の人は知っていたんですね。

ご質問くださったママのことに戻ると、分離不安の強まる難しい時期のお子さんとの生活を、本当によく持ちこたえておられると思います。夜泣きの原因は、見当のつくこともあれば、全くわからないことも多いので、〝子どもは泣くもの、いつかは泣きやむ〟ぐらいに受け取っておくほうがよいでしょう。どうぞ、「自分を変えなければ」と思い詰めないでください。自分を抑えられないことがエスカレートするようなら、早めにカウンセラーや医師に相談してくださいね。伝統的な子守唄をうたうように、安心できる相手に話すことで、少しでもつらさが耐え得るものになると信じています。

Q4 娘がぐずりだすと心底憎たらしく、暴言を吐いたり乱暴に接してしまいます

（20代女性）

二歳半の娘がいます。私に似たのか気が強く、言い出すと聞き分けがありません。この前も外は寒いので暖かい格好をさせようとズボンをはかせようとしたら、わざわざ短いスカートを出してきて、これじゃなきゃいやだと泣きわめき、二〇分でも三〇分でも声がかれるまで泣き続けるんです。最初は何とかなだめようとしたり、気をそらせようとするのですが、虚しく時間だけが過ぎ、そのうち私のイライラも頂点に達して乱暴に手を引っ張ったり突き飛ばしてしまいました。

私は生理痛がひどく、そんなときに娘が言うことを聞かないと本当に殺してやろうかと思うほど、心底娘が憎たらしくなります。娘を可愛いと思うこともちろんあるのですが、私の調子の悪いときや、主人とうまくいっていないときなどは、一人になりたくなり、私にはもっと別の人生があったのではないかと後悔してしまいます。会社が一緒だった友達は、まだ独身で働き、楽しそうにしています。先日、ついに娘の前で、「あんたなんか産むんじゃなかった」「私の人生を返して」と言ってしまいました。こんな自分が、恐ろしくてたまりません。

A4　子育てで湧き起こる憎しみの感情とどう向き合うか

短夜や
乳ぜり泣く児を
須可捨焉乎《すてちまをか》
（竹下しづの女『颯《はやて》』）

「子は母を慕い、母は子を無条件に愛するもの」と刷り込まれた価値観のために、私たちはどれだけ罪悪感のとりこになってきたことでしょう。現実には、切っても切れない親子の関係だからこそ、母と子の間には濃密で複雑な感情が行き交います。反発、怒り、憎しみ、嫉妬《しっと》、嫌悪、そして損得の勘定も。人間関係のなかで生じる感情のすべてが、そこで体験されるといってもよいはずなのです。

わが子を憎らしく思う気持ち自体は、恐ろしいものでも、母親失格の烙印《らくいん》を押されるようなものでも決してありません。冒頭に挙げた俳句は、一九二〇（大正九）年の女性俳人の作ですが、近代化とともに束縛をはねのけて「自分」を生きようとした当時の女性が、母となり、夏の夜にぐずって乳を求めるわが子を捨てたくなる気持ちを、力強い万葉仮名で表現しています。伝統的な俳句の世界で、一世紀ほど前に、このように表現するのはすごい挑戦だったでしょう。でも、込められた気持ちは同じ、そのイライラと、やるせなさと、孤独が、鮮明に伝わってきますね。

大切なのは、憎しみや、自分の中の否定的な感情を押し殺そうとするのではなく、そこにあるものとして認め、ちゃんと向き合ってみるということです。いったい何に対して、それほどの怒りや腹立ちを感じているのか、じっくり考えてみることです。思い通りにならないのは、娘さんですか、ご夫君ですか、それとも「私の人生」ですか？　別人格をもった夫や子どもが思い通りにならないのは当たり前。ならば、子どもへの憎しみの背後にあるのは、もてあましている現在の「私」への怒り、そして孤独感でしょうか。女性が、一度しかない自分の人生を、「私個人」と「母や妻や娘という役割」とにどう配分するかは、だれにとっても難問です。次の世代の女性たちに少しでも手がかりを残せるよう、一人ひとりが真剣に考えて歩んでみるしかありません。そう言うと、話が大きくなってしまいますが、「娘を可愛いと思う自分」も、「一人になりたくなる自分」も、両方を大事にしながら自分らしい生き方を模索していってほしいのです。

可能なら、俳句とは言わないまでも、日記を書いたり、メールを書いたり、胸のうちを文字に残すことを通して、自分の抱えている絡み合った感情を少しずつ整理してみてください。その機会が見つけられないなら、子どもを安心できる場所にちゃんと預けて、〝母親以外の自分〟になれる時間をぜひ確保してください。〝母業休憩タイム〟を作るのが、子育てにおいてこころのゆとりを取り戻し、怒りや憎しみの感情に呑み込まれないようにするための、最も現実的な工夫だと私は思います。

Q5 子育てが楽しいと思っていない私は、よくない母親なのでしょうか

（40代女性）

主人と私と息子の三人で暮らしています。先日、子どもの健診で気になることがありました。いくつか問診があり、「子育ては楽しいですか」という質問に「どちらでもない」と答えたら、保健師さんに心配そうな顔をされ、いろいろ尋ねられました。

私は離婚歴があり、いまの主人と一緒になる前に、一人男の子を産んでいます。前の主人の家は開業医だったので跡継ぎにということで親権は私にはありません。前の子をひきとらなかったので、子どもが嫌いだと思われたのかもしれません。

今の主人や子どもとの生活に不満はなく、うまくいっていると思います。年齢を重ねてからの子育てで、これが最後と思うと、ひとつひとつが味わい深く思えます。〝楽しい〟という言葉は、私にはしっくりきません。子育てにはいろいろなことがあります。子どもの成長は、小さな喜びの積み重ねといったかんじで、淡々とした毎日をすごしています。

子育てを「楽しい」と言えないことは問題なのでしょうか。正直に答えてしまったのが悪かったのかもしれません。いろいろ、その原因を探るような質問を受け、まるで「よい母親」ではないと言われたようで、ひっかかっています。

A5 子育ての楽しさ、子育ての喜び

「子育ては楽しくなければならない」「楽しくあるべきだ」。健診での質問の背後にあるそのような価値観を感じ取って反発を覚え、「はい」と答えたくない気持ちになられたのかもしれないとお察しします。

そもそも、「楽しいか楽しくないか」という問題の底には、「好きか好きでないか」という判断の軸があります。誰でも、好きなことは楽しめますが、好きでないことは楽しめないのが普通ですね。つまり、「子育ては楽しいか」という質問には、「子育てが好きか」という意味が前提として含まれているわけです。なぜ、女性は母親になったらみな、子どもや子育てが好きで、楽しくなければならないのでしょう？ 何が好きで嫌いかは、個人の特性の問題であって、誰かから決められる種類のことではありません。子育てが好きな人もいれば、好きでない人もいる。会社で働くことが好きな人も嫌いな人もいる。でも、大人として重要なのは、好き嫌い（楽しいか苦しいか）を超えて、自分の人生に引き受けたことを最後まで全《まっと》うしようとする責任ある態度だと思います。子育ては、レクリエーションのように都合のいいときだけ楽しむわけにはいかないのですから。

ただ、ここで私は、ご質問くださった方は子育てが好きでないのでしょうと言いたいわけではありません。ひょっとすれば、前の子育ては、好きで楽しくてたまらなかったかもしれない。しかしながら今

は、ひととおりの子育てと離別も経験し、人生には好き嫌いではすまない多くの難問があることを、十分身をもってご存じなのだと思います。苦楽を知った上で、あえてもう一度小さないのちを引き受け、育てていこうとする責任感。そこから生まれてくる感情は、深い〝喜び〟という言葉が、最もふさわしいのかもしれません。

「喜び」のなかには、自分の人生に与えられたものへの感謝と畏敬《いけい》、苦しみを乗り越えて何かを得た安堵《あんど》、などの気持ちが含まれているように思います。そのような奥行きのある感情について、健診というあわただしい場でうまく伝えることができなかったのは残念でしたね。「どうせ伝わらないなら、適当に答えておこう」と流さなかったところに、ご質問くださった方の誠実さが表れていると思います。

期待される一般的な「よい母親」像に合わなかったからといって、動揺する必要はありません。あなたらしい、そのままの実感と気持ちをぜひ大切にしていってください。

2

生と死、
そして性のこと

妊娠・出産・子育ては、本能的で動物的な衝動にかかわる営みです。人は、他の動物とは違った「個」の意識を発達させ、「私が生きている」と思っていますが、性の営みに始まる一連の行動は、ヒトという「種」の次元の衝動に突き動かされて生き、ときには死ぬことでもあります。交尾の終わったカマキリの雌が雄を食い殺してしまう例を挙げるまでもなく、人間もまた動物の一員として、子孫を残すための、抗いがたい本能的な性と破壊の力に影響を受けているのです。

科学技術が発達し、ますます自然に生きることと切れてしまった現代の私たちは、「私」のコントロールの及ばない、こういった原始的ななまの衝動を恐れ、なるべく見ないようにしています。各地に残る、だんじりを引き回すような（ときに死者を出す）荒々しい祭は、人が自分たちの内にある激しい衝動を期間限定で解放し、手なずけるための社会的しくみだったのだと思います。しかし、それらの多くも観光化され、安全に管理され、参加するよりも見るものとなってしまいました。私たちは、子育てをめぐる営みのなかに、こういった「原始性」といかに向き合うかという難しいテーマが隠れていることに、あまり気づいていません。

いくら医学が発達し、乳児死亡率や妊婦死亡率が減ったとしても、妊娠・出産が死と隣り合わせであることに変わりはありません。胎児を宿した妊婦にとって、「お腹のなかでわが子は死んでいないだろうか」と思う恐怖は現実そのものです。実際、はかなく失われてしまうことも稀ではないのです。反対に、宿ったいのちに破壊的な感情を抱く場合もあるでしょう。生まれようとするいのちは、親の人生に立ちはだかる存在となることもあり得ます。たとえ望んだ妊娠であっても、重いつわりに苦しむ母親は、わが子に自分のからだを侵食され、いのちを削り取られるように実感するかもしれません。

また、生まれてからも、子どもは原始的なまの衝動のままに生きようとする存在です。空腹を訴えて泣くだけでなく、快楽を求めて自慰に耽ることもあれば、思い通りに出ない母親の乳房を噛んで攻撃することもあるでしょう。少し大きくなってからも、子どもは大人が封じ込めようとしているさまざまな感情や衝動を、ストレートに親に突きつけてきます。さらに思春期になれば、子どもは内側から突き上げる性や攻撃の衝動に動かされる存在となり、親はそれらをもコントロールすることを期待されます（とても無理な要求だと思いますが）。そんなふうに、子育てを通して、私たちは生きることだけでなく、死と破壊、そして性という個人を超えたテーマにいやおうなく直面させられるのです。

本章では、いのちをめぐる選択、夫婦の性、親子の性、子どものもつ破壊性といった難問にどう向き合えばよいか、こころが壊れてしまわないように、どう自分と子どもを守ればよいのかを考えてみたいと思います。

Q6 予期せぬ妊娠で、三人目を産む勇気がわきません（30代女性）

避妊に失敗して、三人目の子どもを妊娠しています。一二週目にさしかかったところですが、このまま産んでよいものか迷っています。私も夫も子どもは普通に好きなのですが、この不況で三人目を産むことに不安があります。もうすぐ四〇歳で、体力的な問題もあります。夫は産んでいいと言ってくれていますが、内心は欲しくなかったんじゃないかと思います。

同年代の友達に話すと、「大変ね。これから親の介護もあるかもしれないのに、今から子育てなんて私には無理」と言われました。何かと厳しい実母からも、よかったねという言葉はありませんでした。

下の子がようやく小学校に通いだし、やっと自分の時間がもてるというところに、また子育てかと思うと暗い気持ちになります。妊娠判明時からずっと中絶のことを考えていますが、一人目がなかなか授からなかったときの苦労を思い出すと、踏み切ることができません。こんな不安や後ろ向きな気持ちのなかで、子どもを産んでもいいものでしょうか。

A6 人生における究極の選択

長い人生の道のりのあいだには、とりわけ女性にとって、誰しも一度や二度は〝究極の選択〟を迫られる局面があるのではないでしょうか。

たとえば愛する人と一線を越えるか踏みとどまるか。予期せず授かったいのちを産むか産まないか。移植治療が必要になったわが子のために、危険を冒して自分の臓器を提供するかしないか。不治の病の宣告を受けた伴侶《はんりょ》に対して、余命を知らせるか最後まで隠し通すか。倒れた親を看《み》るために仕事をやめるか、やめないで施設にゆだねるか……。

こういった究極の選択においては、道徳的な善悪や、それが正しいか否かといった一般的判断を超えた、〝そのときその人にとっての真実〟があると私は思っています。どちらを選んでも、その選択の結果を生涯わが身に引き受けていかねばなりません。私は、そのような重荷を背負って歩む人を尊く思います。せめてその荷が少しでも軽くなるよう、共に背負ってくれる同行者がいてくださることを願いつつ。

ご質問くださった方にも、そのような局面が訪れたのですね。今もなお、揺れ動き、思い惑う日々をお過ごしのこととお察しします。一人目だから、三人目だから、母親にとっていのちの重さに変わりあるはずがありません。たとえ何人目であろうと、もし失えば、こころのなかに墓標を刻み、手を合わせ続けずにはいられないものでしょう。

もう一二週目とのことですから、お気持ちは揺れているとしても、〝産むほうの選択〟に賭《か》けてみようとされているのだと私は受け取りました。一番支えになってほしいご自身の母親に喜んでもらえなかったことは残念に思います。でも最近では、四〇代の出産はまったくめずらしくありません。上のお子さんたちも、それぞれに世話を手伝ってくれるでしょうし、夫婦で共に背負う気持ちさえあれば、きっとにぎやかな家族に成長できるでしょう。

一〇〇％幸福で迷いのない状態で出産の日を迎える母親など、そうそういません。産んでからも、いろんな不安や後悔を抱えながら、私たちは進んでいくのだと思います。たとえ、これからも後ろ向きな気持ちとうまくさよならできなくても、そのことでご自分を責めないでください。いのちさえあれば、お互いに生きてさえいれば、関係は結びなおせます。愛し、受け入れ合うことができます。あなたと赤ちゃんも、そしてあなたとお母さんも。

どうぞ、これから生まれ出るいのちの力を信じる勇気をもって。お子さんたちも、きっとこころから歓迎してくれると思いますよ。

Q7 中絶後、気持ちの整理がつかずこころが壊れていきそうです（30代女性）

昨年、妊娠七週目のときに中絶手術を受けました。予定外の妊娠で、私は持病があり薬を飲んでいたので、奇形の子が生まれる可能性があると医師から言われたためです。夫と相談し、悩んだ末に決めました。仕方がなかったことだと思おうとしていますが、その日から、失われた小さな命のことがずっと重くのしかかっています。子どもの虐待死のニュースを見ると、自分も犯人と同じだ、わが子殺しの母親だとどうしようもなく自分を責めてしまいます。

夫に話しても、中絶ということに関してはあまりわかってもらえないと感じて、相談する気になれません。あれからもうすぐ一年が経ちますが、最近はお互いにこの話を避けているようで、孤独を感じています。私は今も持病でときどき入院が必要な状況なので、産んだとしても、十分な子育てはできなかったでしょう。あのときの選択は間違っていなかったと自分に言い聞かせ続けてはいるものの、やはり毎日がつらいです。

このままでは、こころが壊れていきそうです。どうかアドバイスをいただけないでしょうか。よろしくお願いいたします。

A7 手を合わせるということ

どれだけ科学が進歩し、時代が移っても、いのちをめぐるつらい究極の選択を、わが身に引き受けるのは女性だという事実は変わりません。また、選択という形をとらなくても、流産・死産によって、この世で共に過ごすことなくわが子と別れねばならなかった悲しみを背負っていらっしゃる方もおられるでしょう。胎児の喪失は、そのいのちを宿していた女性以外の人びとに、同じだけの重みをもって〝実感〟されることはあり得ないのではないか。その孤独ゆえにいっそう、生まれなかった子を弔い、こころの内に納めていく道程は、困難なものになるのだと思います。たとえ七週間でも、胎内に確かに存在した一個のいのちがあったわけです。この一年近くの間、夫とも共有できない喪失の悲しみをじっと抱え、持病ともたたかってこられた日々を思うと、私はじっと手を合わさずにはいられません。ご質問くださった方の悲しみは、多くの女性の悲しみであり、そしてさらに突き詰めれば、〝人が生きるということ〟の悲しみでもあると思い出してほしい、孤独と罪悪感のために押しつぶされないでほしい、と切に願います。

たとえば私たちが、毎日の食卓で「いただきます」と手を合わせるとき、それは本来、大いなる自然や、先祖のいのちや、食物として犠牲になってくれる動植物のいのちをいただくという意味の儀式であることはご存じですね？　私は仏教徒ではありませんが、いのちに対するそのような態度には共鳴できます。人は、殺される多くのいのちによって生かされています。受精する一個の精子が、死に絶える何億の精子に支えられて新しいいのちを形づくるのに始まり、一個のいのちが成長する喜びの裏には、無数のいのちの死という悲しみが分かちがたく結びついているのです。食卓でも、墓標の前でも、私たちが手を合わせて祈るのは、失われたいのちへの悲しみと、自分が今生きている〝有り難さ〟とのつながりを、忘れないでおくためにではないでしょうか。

きっと、ご質問くださった方も、夜ごとにこころのなかでそっと手を合わせ続けてこられたのでしょう。もうすぐ、命日が巡ってきます。もし頼れる宗教があるならその導きに従って、ないならば、ご夫婦で話し合って、ご一緒に弔いの手を合わせられる方法を探してみてください。亡くなったいのちに名前をつける、祭壇をつくる、寺社へ出向いて祈る、庭に花を植える。古来私たちが試みてきた儀式は、こころの深い必然から生まれたものだと思います。私たちは、虚空や闇に向かって手を合わせることはできません。呼びかける名前や、受け止めてくれる像や、守られた神聖な場所が必要なのです。

それでもやはり、壊れてしまいそうな状態が変わらないときは、こころの専門家を訪ねてください。十分理解してくれない夫への怒りが蓄積され、自分を責めるほうに向かうと二重に苦しくなります。つらい旅を、いくぶんでも歩みやすくしてくれる同行者に出会えることを、お祈りしています。

Q8 出産後、セックスが怖くて夫を受け入れることができません（20代女性）

二歳一ヵ月になる息子の母親です。誰にも相談できず、ずっと悩んできました。出産後、夫とは性交渉がありません。産後一ヵ月のころに夫に強く求められ、本当は睡眠不足で疲れていて嫌だったのに断り切れず、でも結局うまく受け入れることができませんでした。それ以来、セックスが怖くてたまらないのです。何度か求められることはありましたが、うまくいきませんでした。もちろん普段の生活では夫のことが好きですし、感謝しているのですが、今ではそういう雰囲気になるのも、触られるのも耐えられません。

二人目が欲しいという気持ちもあり、そろそろとも思うのですが、こんな状態では、以前のような関係にもどれる自信がありません。このままでは、夫の気持ちも離れていくのではないかと不安です。応えてあげられない罪悪感と、そばにいると触られるかもという恐怖感で、毎日がつらく、どうしていいかわかりません。どうすればこの恐怖感を取り除いていけるでしょうか。

A8 夫婦のなかの男と女、父と母、同志そして友人

触れられたらどうしよう、求められたら……と、身をこわばらせ、息を詰めて横にいる夫の気配を窺う日々の恐怖は、いかばかりだったでしょう。誰にも相談できず、二年も独りで耐えるのは、本当につらいことだったと思います。産後の性生活の問題は、親や友だちにもなかなか相談しにくく、人知れず悩んでいるカップルが多いのではないでしょうか。医学的には、一ヵ月健診で母体の回復に異常がなければ「夫婦生活を再開してよろしい」と言われるのが普通です。でも心理学的には、産後一ヵ月といえば、身もこころも二四時間赤ちゃんと同調して母子一体の状態にあり、とても〝女〟になる余地なんてない時期なのです。もちろん、〝女〟である自分を確認したくて産後が待ち遠しかった、という人もいるでしょうけれども、とりわけ初めての出産なら、たいていの女性は〝母〟になるという新しい経験に、全力で向かわざるを得ないのではないでしょうか。

そんな時期に、無理やり〝女〟になることを求められ、自分を見失いそうな恐怖を感じたのですね。夫婦は、男と女として出会い、子どもが生まれれば子の父、子の母として責任を負い、またあるときは共通の目標に向かって闘う同志となり、長い年月のうちには誰よりも理解し合える友人にもなれるというふうに、多様な関係性を含んでいるはずです。しかし、往々にしてその関係がすれ違ってしまう理由の一つは、〝女性が母になるようには男性は父になれない〟という、サルの時代から連綿と続く生物学

的な事情にあるかもしれません。昔からさまざまな国で、高貴な（特権的な身分の）家の子どもは産後すぐ乳母に育てられる習慣があったのをご存知でしょうか。それは、君主や領主の妻が、少しでも早く〝女〟に復帰して、夫に仕えることを期待されていたからです。授乳している限り、女性は女より〝母〟優先になるので、あえて子どもと引き離したのです。

一方、男性はよほど反自然的、反本能的な――言いかえれば人間的な――努力をしないと〝父〟優先にはなれず、〝男〟から離れられません。「子どもが生まれたというのに、どうして自分の夫はこんなに思いやりがないのだろう……」と嘆いている女性には、少し前にベストセラーになった、竹内久美子さんの『男と女の進化論』（新潮社）をはじめとする一連のエッセイや、竹内さんの師匠である日高敏隆先生（残念ながら最近亡くなられましたが）の著書をひもとくことをお勧めします。動物行動学の見地から、ヒトの性《さが》がアイロニーたっぷりに、痛快に分析されています。きっと、パートナーのことを、少し距離を置いて温かい目で見ることができるようになると思いますよ。

そうしているうちに、授乳が終わり、娘さんの自我が芽生え、少しずつわが子とのハネムーン期が遠ざかっていけば、自然に〝女〟に戻っていける時期が来るのではないでしょうか。第一子と第二子の間隔は何年ぐらいが適当だから、などとあまり頭で考えず、もう少し待ってみてはと思います。そしてすれ違いが大きくならないよう、勇気を出してお互いの気持ちを話し、親友のように確かめ合ってください。傷ついた体験をわかってもらえた、という安心感がもてれば、きっとからだも緊張から解放されるはずです。それでもまだ恐怖が消えないようなら、カップルでカウンセリングを受けに行くという方法もありますから、決して荒療治は試みないでくださいね。

Q9 息子に、性的嫌悪感をもってしまいます（30代女性）

七歳（小二）の息子と一歳二ヵ月の娘のママです。息子のことで悩んでいます。

普通、息子は可愛いものだといいますが、実はその息子に嫌悪感を感じてしまうのです。息子はからだも大きく、学校ではしっかり者で通っているのに、家では甘えん坊で、すぐ私にくっついてきます。一歳の娘に授乳していると、おっぱいをさわってきます。歳の離れた妹ができて、赤ちゃん返りをしたのかとも思っていますが、それでも大きくなった息子に「ぼくもママのおっぱいが飲みたい」と口を近づけてこられると、気持ち悪くて突き飛ばしてしまいます。夫も、あいつはちょっとおかしいんじゃないかと言います。

性教育の本に、「男の子はお母さんにからだを押し付けてくることがあるけど、さりげなく振る舞ってほしい」と書かれているのを読んだことがあります。でも、お風呂で後ろから無理やり抱きついてきたり、夜、添い寝で授乳しているときに上に乗ってきてからだを揺すったりされると、娘も泣き出すし、とても我慢することができません。成長につれてなくなるだろうからと、ゆったり構えたいのですが、ただでさえ一歳の娘の世話で大変なのに、怒りが爆発してしまいそうです。息子への気持ちが性的な嫌悪感のようなものに変わってきたので、なんとかしたいと思っています。息子も、私も傷ついています。どうすれば、この状況を抜け出せるでしょうか。

A9 異性の子どもの赤ちゃん返りへの対応

大きな異性の子どもが赤ちゃん返りをしたとき、どうすればよいか。基本的には、その問題ととらえてよいでしょう。一歳過ぎに比べれば、七歳はとても〝大人〟に見えるものです。それが男の子であれば、べたべた触られたり、おっぱいを探られたりすると、たまらなくいやに感じられるのも当然かもしれません。

でも、「赤ちゃん返り」に年齢は関係ないのです。思春期になっても、一時的に異性の親と一緒に寝たがったり、スキンシップを求める子どもはいます。もっと言えば、赤ん坊が生まれたとき、妙にわがままになったり、かまってほしがったり、赤ん坊に嫉妬《しっと》するパパだっていますよね！　あれも立派な赤ちゃん返り。環境の変化によって急に自立を強いられたとき、またストレスがかかって緊張が続くとき、人間は赤ちゃん返りをして精神のバランスを取るようにできているのです。

息子さんの場合も、妹が生まれ、一年生になり、身体的な成長が早くて〝しっかり者のお兄ちゃん役〟を期待されるけれど、こころの成長がうまく追いついていかないのでしょう。ここは、パパの出番です。ママと一緒になって「おかしいんじゃないか」なんて言っていないで、おんぶやプロレスごっこなど、父子ならではのスキンシップをしてあげてほしいと思います。また、「おっぱいは赤ちゃんのもの。もう卒業しようね」と、息子さんに繰り返し語りかけてあげてほしいと思います。

パパが深夜帰宅組で、平日は助けてもらえないなら、おっぱいの代わりに牛乳の入った哺乳びんはどうですか？　妹さんの授乳中に息子さんがからだに乗ってくるときは、我慢せずに最初からＮＯを言い、別の部屋へ移ってください。

異性の子どもの赤ちゃん返りをどこまで受け入れるかは、同性と違って難しい問題ですね。七歳の子どもにとっては、情緒的満足も身体を通した官能的満足も、スキンシップのなかにまだ未分化に交じり合っていますが、そこに親が性的なニュアンスを感じ取る場合は、無理をして接触しないのが賢明です。パパと娘の場合も同様です。いくらさりげなく振る舞っても、親が性的な刺激に反応していることは、子どもに伝わります（親が無自覚であればさらに、子どもを動揺させ、傷つけます）。

そのようなときは、「こっちでちゃんと受け止めてあげるよ」と、別の形で安心感を補ってあげる必要があります。親の側が困って避けようとすればするほど、子どもはその親の関心を引こうとしがみつく悪循環が生じるでしょう。ご質問くださったママは、わが子に嫌悪を感じるという、そのことに傷つき、つらい思いを日々抱えていらっしゃるご様子です。でも、異性の子どもに〝性〟を感じ、忌避しようとするのは、何も負い目に感じるようなことではありません。自分が許容できること、できないことをはっきり分け、ルールをつくって一貫性のある対応をしてください。「あるときはＯＫで、別のときはＮＯ」というのが、いちばん不安を喚起します。はっきり線を引けば、しばらくは荒れても、やがて子どもも、別の方法で安心を得ることを学びます。そうこうするうちに、妹さんの授乳が終わり、息子さんにおっぱいを思い出させる機会も減るのではないでしょうか。ご夫婦の力で、このしばらくの時期を乗り切っていってください。

Q 10 実家の兄の性癖のため、娘が被害に遭わないか心配です（30代女性）

私は現在四歳になる娘がいますが、夫と離婚し、娘をつれてしばらく実家にもどることになりました。その実家にいる兄の性癖についてご相談させて下さい。

身内の恥をさらすようですが、兄は今も独身で、美少女が出てくるようなテレビゲームや雑誌を大量に買い込んでおり、以前、近くの小学校の周りをうろうろしていて警察に通報されたことがあります。

実は、私自身が子どものころ何度か兄に性的ないたずらをされたことがあり、そのときはあまり意味がわかっていなかったのですが、成長してからは罪悪感と恥ずかしさで、誰にも言えないまま今に至っています。親もそのことは知りません。正直思い出したくないのか、記憶もあいまいなのですが、実家に戻ってからそのときの気持ちがよみがえり、衝動的に自分を傷つけたくなったり、精神的に不安定な状態です。

私が仕事に出ているあいだ、娘を兄と一緒においておくことが心配でたまりません。この前も娘に「おじちゃんとお風呂にいっしょに入る?」と誘っていたので背筋がぞっとしてしまいました。娘は兄になつきつつあるようで、「おじちゃんと遊びたい」というので困っています。はやく家から出て自立したいのですが、今の経済状況ではそれも難しく、頭をかかえています。親には、これ以上負担をかけられません。兄と話そうかとも思いますが、ただ姪っ子が可愛いだけかもしれず、今後の生活が気まずくなることを考えると決心がつきません。私はいったい、どうしたらよいでしょうか。

A10 悲しいできごとを繰り返さないように

残念ですが、お兄さんが偏った性的嗜好《しこう》をもっている可能性は否定できませんし、「邪心がない」と思い込まないほうがよいと思います。

世のなかでは、幼い子どもが犠牲になる悲しい事件が続発し、小児性愛を含め、性的逸脱者の問題が社会でも大きく取り上げられています。特殊な性的嗜好《しこう》をもつこと、それ自体は個人のプライバシーの領域として、他者が裁断を下す類《たぐい》のことではありませんが、一方的に性の対象とされる被害者が出たり、当人が社会的生活に支障を来すとすれば、それは明らかに許されざる犯罪であり、深刻なこころの病であると思います。

一般に、性的嗜好の病は治療が難しいといわれますが、それは症状と快楽とが分かち難く結びついているからです。私たちが、からだの病にせよこころの病にせよ、それを「治したい」と思うのは、発熱や、痛みや、不眠など、つらい症状から解放されたいのがいちばんの動機です。苦しいからこそ、治ろうとする。しかし、性的嗜好の病の場合は、治療（治ること）は快楽の断念を意味するので、よほどそれに代わる心身の満足を得られない限り、成功しないのです。

ふだんはあまり意識に上らないことですが、裸の赤ん坊や幼児は、それ自体がエロティックであり、大人の官能性を刺激する存在です。かりにわが子であっても、とくに異性なら、おむつ替えやお風呂の時など、ひそかにドキッとした経験をもつお父さん、お母さんは少なくないでしょう。ただ、健康な大人なら、普通はそのような反応を、節度をもって自分のなかに収めておくことができるわけです。

今のお兄さんが同様の節度を保ってくださることを、もちろん祈りますが、ここで気をつけないといけないのは、つらいできごとを「無かったものと考え」ようとする圧力がもたらす影響についてです。誰だって、信頼すべき親兄弟や教師などが故意に自分を傷つけてくるとは思いたくありません。その結果、マイナスの信号に対するアンテナの感度が下がり、対人関係全般において、危険やトラブルの予兆をとらえ損なってしまうという事態が起こります。突然、唐突に、傷つけられてしまいやすくなるのです。

娘さんを同じ被害から守るためにも、あなた自身のためにも、「直感」を大事にし、不安や怒りを無理に押し殺そうとしないでください。実家に世話になっている負い目を感じ、物を言いにくい状況で苦しんでおられる毎日だとお察しします。でも、「在るもの」を「無いもの」として封じても、解決することは何もありません。

一番よいのは、お母さんに過去の事実を受け止めてもらい、娘さんとお兄さんの二人きりの場面を作らないよう配慮してもらうことだと思います（でもこれは、お母さんの子育て上の問題を突きつけることでもありますから、温かい反応が返ってくるとは限りません）。それが困難ならば、不安の源である、あなたの心に深く刺さった過去のトゲを手当てできるよう、カウンセラーに相談されることをお勧めします。

Q11 八歳の娘が「死にたい」「殺したい」と言います（30代女性）

小学校二年の娘のことでご相談です。三ヵ月ほど前、夫婦喧嘩をしたときに私をかばって止めに入ろうとし、父親に「うるさい！　お前なんかどっか行ってしまえ」とひどく怒鳴られてから、娘の様子が変わりました。それまでは、四歳下の弟の面倒をよくみるし、習い事も熱心に頑張っていたのに、ぼーっと上の空で、「疲れた」とばかり言うようになったのです。学校の面談でも、担任の先生から、この頃やる気のない様子が目立ち、休み時間も一人で教室にいることが多いと言われました。

これではいけないと、叱咤《しった》激励してみましたが、それがかえってよくなかったのか、最近では毎日のように、「私なんか生まれてこなかったらよかった」「ママは私が嫌いなんでしょう」「死にたい」「誰かを殺したい」など、ドキッとするようなことを言います。

「大好きだよ」「ママは大事に思ってるから、そんなこと言っちゃダメ」と、その都度繰り返し言って聞かせ、抱き締めていますが、状態は変わりません。先日、「交換日記にお嬢さんが『自殺したい』って書いてたよ」と、友人のお母さんから聞かされ、愕然としてしまいました。心配になり、学校のプリントや自由帳を改めて見てみたところ、首を吊っている人や、殺し合う人、ナイフがささって血まみれになった動物など、あちこちに残酷な落書きが描かれていたのです。

どちらかというと早熟で、感受性の強い子でしたので、小さいころからかなり接し方には気を遣い、仕事で留守がちな父親の分も、一生懸命育ててきたつもりです。なぜ、こんなことになるのかわかりません。これからのことを思うと、夜も眠れません。どうか、アドバイスをいただけたらと思います。

A11 「死」という言葉でしか表せないつらさと破壊的な気持ち

まだ八歳のわが子から「死にたい」という言葉を聞くとは、とてもショックだったでしょう。

でも、「なんてことを言うの」と慌てて否定しないで、それは「ママ、助けて」というSOSの言葉だと読み替えてみてください。大人でも、子どもでも、「死にたい」と誰かに口走るとき、それは「今の自分は〝死〟という言葉でしか表せないほどつらい」と訴えているのです。今どきの子どもは軽く「死」を口にするから、と割り引いて考えないでください。娘さんは、怠けたり反抗したりしているのではなく、ずっと頑張ってきたけどこれ以上はもう無理だ、と切実に訴えているのだと思います。

そんな娘さんに対して、「こうあってほしい」という親の思いが勝ちすぎて、空回りしているということはありませんか？　当然これくらいわかってほしいという期待が、娘さんにとって重荷になってしまってはいませんか？

文面からは、ご夫婦間の緊張や、一人で子育てを背負っているというママの緊張感が伝わってきます。娘さんは、きっと小さなときからママの気持ちを汲んで、心配をかけないように、家族がうまくいくように、ひそかに戦ってきたのでしょう。たとえ八歳でも、こころのなかにはいろいろな葛藤があり、傷つきや、怒りや、何かを破壊したい衝動があるはずです。「死にたい」「殺したい」は、たまたまその衝動が内に向くか外に向くかの紙一重の違いで、根っこにあるものは同じです。もうダメだ、戦えない、すべて壊して終わりにしたい（＝楽になりたい）と、娘さんは感じているのではないでしょうか。

子どもが残虐な絵を描くことについても、親としては看過できない深刻な問題ですね。昨今の青少年の突発的な事件の報道などに接すると、わが子が将来、凶悪犯罪を起こすのではないかと不安に圧倒される方もいるでしょう。でも、まだ大人のように言葉で内省し、解決を探るのが難しいこの年代の子どもにとって、絵で表現することは一種の浄化作用（カタルシス）にもなります。象徴的に表現できることで、直接的な行動に至るのを防いでくれる場合もあります。ですから、すぐにやめさせたり、その表現を否定したりしないほうがよいでしょう。また、「何でこんなものを描くの？」と問い詰めるようなことはせず、まずはそこから娘さんのどんなこころの世界が垣間見えるか、落ち着いて見てみてほしいと思います。

気をつけたいのは、原因を現実的な特定のできごとと性急に結びつけないようにすることです。「父親が怒鳴ったから」「私が叱ったから」「友達がいじめたんじゃないか」など、私たちはどうしても単純な因果関係で理解しようとしがちです。でも、子どものこころのなかには、ただただ虫を殺したい衝動、昨日叱られた親への怒り、そして哲学的な死への願望まで、さまざまな次元の破壊性が棲《す》んでいます。それらが混ざり合い、膨らんで、自分でもわけのわからない不安となってのしかかるということが、どんな子どもにも起こりうるのです。

交換日記の輪に入れる娘さんですから、きっと日常で全く孤立しているわけではないと思います。ただ、娘さんの訴えは、同年代の友達とのあいだで解消するのは困難でしょうから、やはりママが否定せずに受け止めてあげることが必要です。もし、実際に刃物を持ち出したり何かを企図するようなことが起きているのでなければ、「死」という言葉や残酷な絵にあまりたじろがないでください。親が、自分の子育てを否定されたように感じて、傷つきに圧倒されてしまわないでください。

子どもは、親の言葉や直接的なふるまいよりも、親の存在そのものを感じ取っています。ここは、家族でいったん休戦。積極的にぼーっとする時間（週末にスーパー銭湯に行って母娘水入らず、お稽古をしばらく休みにして母娘でごろごろ、など）を作ってみてはどうでしょう。そんななかで、娘さんのこころにあふれてしまった衝動を、もっと人との関係において上手に発散し、解消できる工夫を考えてみてください。からだを使った遊び、ほどほどの喧嘩（腫れ物に触るように気遣うのではなく）など、攻撃性や破壊性をいかに安全に表現し扱えるかを教えるのも、子育ての大切な仕事であると私は思います。

3

子育てと「分離」の痛み

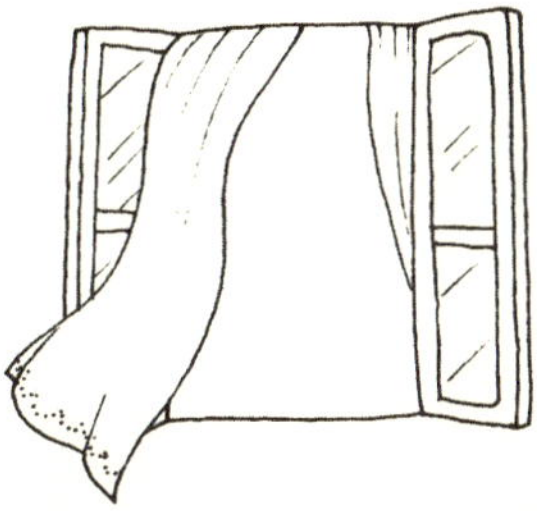

男性は、生まれてきたわが子とまず視覚的に出会い、恐る恐る腕に抱き、おむつを替え、そうやって少しずつ接近していくことで、血の通った「父親」に成長していきます。一方、女性のほうは、気づいたら自分の胎内にいた（妊娠）という母子一体の状態から始まり、「別れ」を契機に、母親としてのこころの成長を遂げていきます。出産により「身二つ」になること、初めて保育所に預けて泣かれること、初めて一人で自転車に乗り遊びに出かけさせること、初めて一人で学校に通わせること、初めて一人旅に送り出すこと。その分離の痛みと不安に耐えることを積み重ねながら、母親は子育てのゴール（お互いの自立あるいは子別れ）に向かっていくのだと思います。

母親の子育てが、出産という「別れ」から始まるということは、あまり意識されることのない事実です。現代の心理学や新生児学は、生まれて間もない子と母親が、いかに一体感の幻想に守られ、自他未分化な状態にあるかを力説してきました。子どもが健全に育っていくためには、母子の十分な愛着関係を築くことが必要であり、母親が子どもの欲求をきめ細やかに汲み取り、甘えを満たすことが重要であると強調してきました。

とりわけ、一九八〇年代後半以降、わが国の子育ての規範は母子の愛着（ややもすると密着）関係を推奨し、子どもの育ちをかえって難しいものにしている気がしてなりません。母乳育児の絶対視は、いつでも、どこでも、欲しがるだけいつまでも授乳することを肯定することにつながり、ますます母親は子どもと離れられなくなってしまいました。自分の子育てを作品にしたある女性漫画家が、自分を「チチ奴隷」と表現していたことが、私には印象に残っています。子どもは、自我が芽生えるころを過ぎても、母乳の要求を通して、自らの母親と排他的な相互依存関係を維持し続けることができるのです。

出産の次に来る「別れ」は、ふつう母乳との訣別のときですが、今日の子育てでは、その離乳においても母親の主体性が発揮されにくくなっているように思えます。たとえ、母親の決めたタイミングで行う「断乳」であっても、適切な時期が選ばれるのであれば、ほとんどの子どもは数日激しく泣いた後、あっさりと諦めてしまうことが研究結果でわかっています。手放すこと、諦めること、それは解放でもあります。分離の痛みを母子で共に耐え抜いた後には、もっと自由なそれぞれの世界が開かれていくはずなのです。

私は、離乳で泣かれることはありませんでしたが、下の娘が初めて自分の部屋で一人で眠るようになったときが、一番大きな別れの試練でした。十年添い寝し、私の手を握っていないと寝付けなかった娘が、自分の部屋を欲しがり、寝具を整え、さらに半年ほど経ったある日、「今日から一人で寝るから」と宣言して去っていったときは、喪失感と寂しさでいっぱいになりました。でも、私も断乳後の赤ん坊と同じだったのです。告白すれば、一週間後にはすっかり寂しさも忘れ、変化を受け入れたのでした。

キツネの「子別れ」の儀式ほど劇的ではなくても、母親は、子育ての過程で「今」というタイミングを計りながら、ときにわが子を突き放し、攻撃的にふるまい、子どもが自立するのを助けられるようになっていかなくてはなりません。欧米の、産後間もなくから子どもを別室に寝かせる母親たちは、決して冷たいわけではなくて、こころの痛みに耐えながら、子別れの修行を始めているのです。本章では、現代のわが国の子育てに取り戻すことが必要な、親子の健全な「分離」について考えてみたいと思います。

Q12 添い寝のおっぱい、いつまで続けてもいいものでしょうか（20代女性）

二歳一ヵ月の息子の母です。二ヵ月めから完全母乳で育ててきました。昼間は減りましたが、今も、就寝前や、夜中に起きたときは必ず添い寝でおっぱいをあげています。義理の母に話すと、添い寝の授乳は乳離れが悪くなってよくないから、早くやめたほうがいいと言われました。確かに、外出時でも眠くなるとおっぱいを欲しがり、すぐに飲めないとぐずぐず泣き続けるので、困っているのも事実です。夫やまわりの大人に「まだおっぱいか～」とたびたび冷やかされると、イライラしてストレスがたまります。

かといって、私は母乳にこだわり、マッサージに通いながら苦労してここまでやってきたので、今さら断乳する気にはなれず、自然な卒乳の時期まで飲ませてあげたいと思っています。授乳の時間は、貴重なスキンシップの機会です。とくに添い寝の授乳はこちらも楽だし、子どもも満足して寝てくれるので、夜中にぐずるのを抱いてあやすよりずっと助かります。それでも、やはりやめたほうがよいのでしょうか？

A12 子どもの成長に合った、スキンシップの模索を

添い寝の授乳と、長期授乳の是非については、いろいろな意見がありますね。

私の周囲にも、幸いよく出るおっぱいで満足して寝ついてくれるし、親も子も楽だから……と夜の添い寝授乳を続けているうちに、気づいたら子どもは三歳を過ぎていたというお母さんが何人かいます。最近は、添い寝のスキンシップの大切さを見直す研究も増えていますし、今、あなたが順調な子育てのなかで、添い寝のおっぱいを自然に感じているなら、あえてすぐ中止する必要はないと思います。

ただ、やはりある時期を過ぎれば、〝寝かしつけ法〟としてのそれは、「次善の策」だということを心得ておきましょう。子どもは日々成長しており、その月齢、年齢や発達段階にふさわしい寝かしつけ方があるはずです。背中やおなかをただ優しくトントン叩いてあげてもよいですし、夜中に起きて泣いたりぐずるような場合には、あおむけに寝たお母さんのおなかの上にうつぶせに乗せて、全身を密着させるだけでもずいぶん安心して落ち着く子もいます。昼間に受けた刺激が強過ぎて処理し切れず、脳内の神経回路の興奮のせいで目覚めてしまうようなときには、しばらく泣いて発散させ、それから興奮を鎮める手助けをしてあげればよいこともあります。幼児になれば、手をつなぐだけでも安眠できるようになる子もいます。今述べたような、あらゆる工夫を凝らしても泣きやまないときの奥の手に「添い寝のおっぱい」は取っておいて、そろそろ新しい習慣を作っていってもよいかもしれま

せん。

もしもその移行に〝抵抗〟を感じるとすれば、それはどこから出てきたものか、少し自分を見つめ直してみるよいチャンスです。添い寝のおっぱいに魅力を感じるこころには、いつまでも赤ちゃんのころのような母子一体感を持ち続けたい、というお母さん側の欲求が潜んでいる場合があるのですね。その二者関係には父親は立ち入れないので、長きにわたると、父親は一人疎外されたように感じ、結果的にご夫婦の絆《きずな》や父子の絆が弱くなってしまいます。また、ご夫婦の絆が弱いために、子どもとの濃密な関係を手放せない、という場合もあります。一般的に言って、とくに夜の「添い寝のおっぱい」の問題は、ご夫婦の関係をどうするかという問題とセットです。

また、息子さん側の欲求についてはどうでしょう。二歳過ぎと言えば、自我も芽生え、子どもは母親からの自立の一歩をすでに踏み出しているはずです。もう赤ちゃんではない。でも、自立への一歩は分離不安をかき立て、母親へのしがみつきを伴います。そこで、母親を以前のように思い通りに支配したい（依存したい）とき、子どもはさまざまな手段に訴えます。頻繁にトイレに行ったり、転んで泣いたり、からだの痛みを訴えたり。息子さんの場合は「おっぱい」がその手段になっていて、ママを引き止めておこうとしているのではないでしょうか。

そんな、いろいろな視点から総合的に考え、お二人にとって一番ふさわしい移行のタイミングと方法を見つけてください。

Q13 職場復帰がつらくなってしまいました

（30代女性）

一一ヵ月の子どものママです。小学校の教師をしています。今は育休中ですが、もうすぐ職場にもどらなくてはなりません。生まれる前や、産んでからしばらくは、保育所に預けて働けばいいと気楽に考えていました。でも、子育てするうちに子どもと離れるのがつらくなってきてしまいました。

はじめての子どもで大変なことも多いのですが、たぶん二人目はもう作らないので子育てをもっともっと楽しみたい気がします。周りの子と比べても母親べったりの甘えん坊で、保育所に預ければ大泣きされるのは九九％確実です。最近は、職場復帰を考えただけで涙がにじむようになり、子どももそれを察知するのか、夜泣きの回数が増えています。教師は他人の子どもにばかりかかわって、自分の子育てはおろそかになりがちだという話もあって、自分もそうならないか不安です。実際、教師の仕事はなかなか厳しいものがあり、五時に帰れることはまずないし、夜に難しい保護者対応を迫られることも珍しくありません。一歳で預けるなんて早すぎるんじゃないか、働きだすと母親の役割が十分にはたせないんじゃないか、自分になつかなくなったらどうしよう等、考えだすと夜も眠れません。職場の状況を考えると、この時期になって休業の延長を願い出るわけにもいきません。このつらい気持ちをどう整理すればよいでしょうか。

A13 別れはいずれやってくるもの

子育てしているうちに、わが子がいとおしく、職場復帰がつらくてたまらならないほどになるとは、赤ちゃんととてもよい出会いをされたんですね。

本当は、それぞれの母親が「もう（離れても）いい」と思えたときに望む形で職場復帰できることと、そのとき安心できる子どもの預け先が用意されていることが理想的です。しかし、子育て環境の整備が重要と言われつつ、社会の現実はまだまだ厳しいのがわが国の実情。予定通り戻るか、辞めて子育てに専念するかという選択肢のあいだで、引き裂かれるようなお気持ちでいらっしゃるのかもしれません。

確かに、子どもの発達という視点から考えると、一歳過ぎは分離不安の反応が強く出始める時期で、産休明けや三歳を過ぎてから預けるよりも、激しい抵抗に遭うことを覚悟しておかねばなりません。生活リズムの変化で母子ともに疲れるうえ、初めての集団生活で、子どもは必ず感染症をひととおりもらってきます。別れるつらさの涙と、もらった風邪の鼻水で、お姫様（王子様？）のようにきれいだったわが子が、一度はエレガントさのかけらもないハナ垂れ小僧になってしまう確率九九％です。

……こう書くと脅かしているみたいですが、私の言いたいのは、つらいといってもその程度ですよ、ということ。生涯消えないこころの傷を子どもに残すんじゃないか、とか、自分は極悪非道な人間ではないか、と恐れなくてよいのです。

子育てにおいて、いずれ別れはやってきます。たとえ専業主婦として子育てに専念し、わが子にすべてを捧げたとしても、子は親から巣立っていくものです。〝空《から》の巣〟になって初めて、自分がその後どうやって生きていけばよいか茫然《ぼうぜん》としないよう、少しずつ別れのつらさに耐え、免疫をつくっていくことも必要でしょう。経済的に、またはキャリアの性質上、退職するわけにはいかないなら、そうやって気持ちを切り替えるしかありません。ハナ垂れ小僧は、どのみちあっという間に成長していきます。あるいはもし、職場復帰しないという選択肢があり得るなら、じっくり迷って決断してくださいね。子育てが中心になるのは、長い人生のうちの何分の一かです。ご自身のライフプラン全体にとって、今回の〝別れのレッスン〟が、受けるに値するものかどうかを考えてください。そのうえで、やはり子どもとの時間を取るという決断もあってよいと思います。ただ、くれぐれも「仕事がイヤ」と「子どもといたい」を混同しないように。迷いの時期を経て、ひと回りたくましい母と子になられることを祈っています。

Q 14

働きながら、子どもが大人になっても寂しい思いを残さない育児をするにはどうしたらいいでしょうか（30代女性）

フルタイムの共働きで子どもを育てています。子どもは来春、小学校に上がる予定です。これまでは、保育所に預けて夫婦で助け合いながらうまくやってきたつもりですが、小学校になると大きく事情が変わります。学童保育もありますが、最近は子どもをねらった犯罪も多いので、そこから帰って私たちが帰宅するまでのあいだ、ひとりで留守番する時間が心配です。双方の両親や親せきは遠くに住んでいて、頼ることができません。夫は小さいころ鍵っ子だったようで、いつも家に帰っても誰もいないので非常に寂しい思いをしたと言います。私は専業主婦の家庭に何不自由なく育ったのでよくわかりませんが、わが子には「子ども時代寂しかった」という思いを残したまま大人になってほしくないと思います。

高学年になれば、放課後や夏休みは一人で長い時間を過ごさないといけないと思うと、今から胸が痛みます。子どもには寂しい思いをさせないよう、親としてできるだけのことをしてあげたいのです。最大限思いつくこととして、職場の近くに引っ越すことに決めました。

母親が働きながら、子どものこころに傷を残さず、親子のきずなをちゃんともって私たちのところから巣立ってくれるような育児をするには、何が必要でしょうか?「あのとき、お母さんは私のそばにいてくれなかった」と思われないようにするためには、ほかにどんな工夫がありますか？　どうか教えてください。

A14 預け合い、いつも人の気配のある子育て環境を

子どもに寂しい思いをさせたくない。子どもが学校から帰ってきたら「おかえり」と迎えてあげたい。母親なら誰しも願うことかもしれません。

でも、そこで仕事を辞めて子育てに専念し、子どもの就園・就学後に派遣やパートで再就職したらどうなるでしょうか。ある研究所が試算したところによると、女性が二八歳で第一子出産を機に退職し、三一歳で第二子を産み、三年後に非正社員で再就職した場合の生涯収入は、ずっと正社員で働き続けた場合より二億円以上も少ないそうです。もちろん、「お金には替えられない」ものはありますが、それだけの収入があれば、夫婦の関係も変わり、子どもたちにしてやれることがたくさん増えるのも事実です。なんとかしてフルタイムの仕事と子育ての折り合う点を見つけたいと思うのも、働くママの当然の願いでしょう。では、どんな工夫が考えられるでしょうか。

私自身、実家には頼れない共働きの母親として、心がけてきたのは「いつも人の気配のある子育て環境をつくること」でした。産休明けからお世話になった赤ちゃんホーム（市の委託を受け数名の乳児を保

育する一般家庭です）は、夕方から二重保育の場になり、常時複数の子どもとその親が出入りしています。私の娘たちも、小学校一年ぐらいまでたびたび夕食をそこでいただき、遅くなれば他の子どもと一緒にお風呂にも入っていました。子どもだけで留守番ができるようになってからは、学童保育所から友達と一緒に帰宅させたり、友達の家へ一緒に帰らせてもらったり。どちらの親も仕事が長引く曜日は、おけいこの教室に通わせてそこへ迎えに行くなど、極力一人で親の帰りを待つ時間を減らすようにしています。出張で帰れない日は、友達の家にお泊まり。平日にお休みのある〝パパ友〟が、まとめて放課後の子どもたちの面倒を見てくれることもあります。

〝必要に迫られて〟とはいえ、この子育て方法はなかなかよい副産物が得られます。複数の家庭で過ごすことで、子どもは「あそこのお父さんは面白いなあ」「この家では、ご飯に必ず納豆が出るんだ」なんて、いろんな発見をしてきます。親以外の大人に叱ったり諭したりしてもらう経験も貴重です。昔の〝長屋〟風子育てと言えばよいでしょうか。この方法がうまくいく秘訣《ひけつ》は、「私（母親）がいなければ」と気負わないことです。「あのときお母さんは……」と振り返って思う〝あのとき〟のほとんどは、ハレの日（記念の式や発表会）と、病気やつらい出来事が起きた日、つまり特別な場面です。他人では代われない〝そのとき〟さえ見落とさないよう注意を払うなら、あとは誰かと助け合うことで十分解決できます。ですから、引っ越しをされたらぜひ、子育ての価値観の合う人を近くで見つけ、家族で親交を深めてみてください。子育て環境は、一朝一夕にはつくれません。また、一家族の努力や保育所の整備だけでもどうにもなりません。複数の家族で、複数の子どもを育てる。これは、働いていないお母さんたちにも提案したい考え方です（もっとも、わが子たちの成人後のコメントを聞くまで、太鼓判は押せないのが残念なところですが……）。

Q15　子どもが私の後追いばかりします。かわいそうで突き放すことができません
（30代女性）

二歳四ヵ月になる娘の母です。最近、悶々とすることが多く、相談させていただきました。ずっと専業主婦で子育てしています。小さいうちは、子どもを十分甘えさせてあげようと思い、一緒に遊んだり、できるだけ抱っこもしたり、いろいろしてきました。数えるほどしか、実家にも預けたことがありません。そのせいか、私がトイレに行くのも、洗濯物を干しに行くのもダメで、泣きながら後をついてきます。料理もまともにできません。せっかくパパに着替えを手伝ってもらおうとしても、お風呂に入れてもらおうとしても、「絶対ママじゃなきゃイヤ」と言って、触らせません。寝かしつけは、もちろん私しかできません。ときどき義母が訪ねて来ても、すぐ「ママ、ママ」といって私の陰にかくれます。義母は、初孫にあたる娘の誕生を楽しみにしていましたので、がっかりした顔をします。「おばあちゃんと一緒に遊んであげてね」と言ってもよりつきもしません。本当にママ大好きっ子で可愛いのですが、気も遣うし、だんだんしんどくなってきました。

私も少しは自分の時間が欲しいので、この子が他の人にもう少しなついてくれたら楽なのですが。たまには突き放したほうがよいのかとも思いますが、私の後を追って泣いている娘を見ると、かわいそうでできません。いったいどうしたらいいでしょうか。

A15 母子カップルの離れ方の作法

母と子は、多くの場合、世界中のどんな恋人同士よりも濃密なカップルです。とりわけ最初の数ヵ月は、授乳やスキンシップを通して、「相手は絶対的に自分を必要としてくれる」「自分も相手なしでは生きられない」という蜜月（ハネムーン）に浸ることができます。

しかし、〝二人が世界の中心〟である時期は永遠には続かず、やがて、母子のお互いを求める気持ちにはズレが生じます。まだまだ一体感に浸っていたいママを残して、子どもはさっさと歩いて外の世界の探検に夢中になる。あるいは、離乳も完了して、ママがそろそろ自分の時間をもちたいと思うころになって、子どもはべたべたとまとわりつくようになるという具合に。

恋人なら、そこでいろんな駆け引きがあり、ケンカがあり、いくらかの失望と怒りを味わいながら、少しずつ地に足のついたパートナーシップを育てていくわけですね。〝世界のなかの二人〟として、現実にどうやって生活していけるかを考えていく。

母子カップルにも、似たようなプロセスがあるのではないかと私は思います。心理学の用語を使えば、「脱錯覚」。できれば永遠に〝ママは万能（＝ママといる限り自分も万能）〟と錯覚していたいけれども、それでは成長して大人になることはできません。一歳後半から二歳前半の後追いは、錯覚し続けたい願望と、錯覚から抜け出して成長したい欲求とのせめぎ合いの結果として表れる、複雑なこころ模様の反映です。必ずしも、この時期に後追いが激しかったからといって、〝マザコン〟の子どもが育つというわけではありません。

さて、ズレの生じた母子カップルが、うまく適度な距離を置くには、どんな方法があるでしょうか。私はぜひ、ママのリフレッシュのための時間を定期的に確保してみることをお勧めします。パパに〝手伝ってもらう〟のではなく、時間限定で〝任せる〟のです。あるいは、義理のお母さんに〝預ける〟のです。もちろん、娘さんは抵抗して泣くでしょうけれども、「その人しかいない」とわかれば、子どもは本能的に、その場でいちばん自分を守ってくれる大人にちゃんと愛着を示します。ママが戻ってきたあと、一時的に後追いはきつくなるかもしれませんが、やがて慣れます。小さな失望と怒りの経験を積み重ねることは、子どもの成長にとって必要なプロセスなのです。「わが子のこころに深刻なトラウマを与えるのでは」と恐れないでください。もちろん、突然一週間も二週間もママがいなくなれば、娘さんの動揺は小さくはすみませんが、週に一日二日、二〜三時間から始めて徐々にやっていけば大丈夫です。

カップルの成長に、失望やこころの痛む経験は避けて通れません。それぞれ別の人格をもっているのだから、当然です。娘さんが、同年代の友達との関係を積極的に求めるようになるまでのもうしばらくは、時々、物理的に距離を置く工夫をしてママが息抜きをしながら、乗り切っていかれるのがよいと思います。

Q16 娘は、特定のぬいぐるみなしで寝つけません。何とかやめさせたいのですが……（30代女性）

小学二年生になる娘のことでご相談します。娘は小さいころから、お気に入りの毛布を口につけて寝るくせがありました。四歳ごろからそれは「ぴーちゃん」という名前をつけたタオル生地のぬいぐるみに変わりました。夜はいつも抱いて寝ています。柔らかくて気持ちいいのか、テレビを観たり、ぼーっと本を読んでいるときなどは、いつも口にあてたり頬ずりしたりしています。もう薄汚れてしまっていますが、本人は気にしていないようです。

学校に行くときは自分のベッドに置いていきますが、家にいるときは、とにかくぴーちゃんがないと不安なようで、一向に手放す様子がありません。他のおもちゃや人形は捨ててしまっても気にしないのですが、ぴーちゃんだけは別です。小学校にあがる前に、このままではいけないと思い、そのぬいぐるみを隠して「ぴーちゃんはどこかにいっちゃったよ」と言いましたら、泣きわめいて、夜も眠らずに探そうとするのでこちらも諦めてしまったことがあります。

私は専業主婦で、娘は一人っ子です。甘やかしてしまったのかとも思いますが、娘は友達と遊ぶのが大好きで、学校でも普通にやれています。年齢も年齢だし、そろそろ話し合って手放させたほうがいいのでしょうか。やめさせたほうがよいか、このまま放っておいたほうがよいか、アドバイスをください。

A16 「安心毛布」は永遠の対象

有名な詩人、谷川俊太郎さんの作品に「ライナス」と題する詩があります。

毛布は永遠だ
ぼくらはみんな身に覚えがある
毛布の代わりの貯金通帳
毛布の代わりのおふくろの味

カボチャ大王だって永遠だ
ぼくらはみんな身に覚えがある
真夜中に夢が本物の涙を流させること
真っ昼間に夢が奇跡をもたらすこと

（詩集『魂のいちばんおいしいところ』所収、サンリオ）

ご存じのように、スヌーピーの漫画に出てくる男の子、ライナスはいつでもどこでもお気に入りの「毛布」を手離せず、引きずっています。この詩は、スヌーピーの漫画の翻訳を手がけた谷川さんが、登場人物の一人ひとりに語りかけた作品のなかの一篇です。

ライナスの毛布のように、子どもが母親から分離し、自立していく過程で、一時的にママに代わる安心と慰めを与えてくれる特別な意味をもつ〝モノ〟があります。小児科医で、子どものこころの専門家であるイギリスのウィニコットという人は、それを〝移行対象〟transitional objectと名づけました。毛布の端、タオル、ぬいぐるみなどが多いですが、たまたま手に触れたママの耳たぶだったり（これはやっかいです）、生まれた下の子の布おしめが選ばれることもあります。生きている実物のお母さんとは違って、自分が思い通りにできる〝モノ〟でありながら、かつて母親が与えてくれたのと同じ安心感を与えてくれる、特別な対象です。ぴーちゃんも、それと同じですね。

普通は、いつの間にか卒業していきますが、なかには大人になるまで大事にもっている人もいます。「毛布」はやがてぬいぐるみに、そしてさらに〝大人の装い〟をまとったものに姿を変え（そういえば、貯金通帳を布団の下に敷いて寝ているおばあさんがいました）、そうとは気づかないけれど、私たちを慰め、支えてくれているのです。

谷川さんは、transitional objectは、実は子ども時代の一時期だけ意味をもつものではなく、誰にとっても、そのイメージの世界のなかでは永遠に大切な対象なのだ、と看破しているわけですね。ぬいぐるみを手放せないわが子を見ていると、いつまでも甘えさせているような気がして不安になり、「一人っ子だから」「私が家にいるからか」と、原因探しをしたくなるかもしれません。でも、心配はいりません。試しに、娘さんに仲良しのお友達がいたら、時々お泊まりに呼んで、一緒のベッドに寝かせてあげてみてください。きっとぬいぐるみは横に置いて、おしゃべりをしたり、手をつないだりして、寝つくと思いますよ。

いつになったらすっかり手放せるのかがご心配なら、お勧めしたい童話があります。アーサー＝ミラー作、アル＝パーカー絵『ジェインのもうふ』（偕成社）です。主人公のジェインは、赤ちゃんから使っているお気に入りのピンクの毛布（〝もうも〟）が手放せません。幼児になり、小学生になり、毛布が穴だらけの切れ端になっても、ジェインは〝もうも〟を思い出して探します。

ある夏、ちょっとした事件が起こりました。子ども部屋の開け放された窓辺に夜ごとにやってくる小鳥が、巣作りのために〝もうも〟から一本ずつ毛糸を引き抜いて、飛んでいくのです。ついには、最後の一本まで……。ジェインは、どうやって〝もうも〟を卒業するのでしょう？　そのときの両親の対応も、参考になります。まずはお母さんが、そして次は娘さんとも一緒に、この物語をぜひ楽しんでみてください。ジェインは、自分を安心させてくれた毛布が小さないのちを温めるために役立つことを知って、寂しさを乗り越え、他者を思いやれる少女に成長していきます。そんな温かい〝もうも〟の物語を親子で共有し合えたら、きっと問題の「ぴーちゃん」は、娘さんのこころのなかに生涯の宝物として生き続けると思いますよ。

Q17 一年生になった娘に、置いていかれたような気分です（30代女性）

小学一年になったばかりの娘の母です。先日、初めて友達と放課後に遊ぶ約束をして帰ってきました。まだ明るいとはいえ、家から一キロ以上も離れた公園に自転車で行くと言うのです。危ないからと止めましたが、約束したからと言い張ります。まだ、補助輪が外れたばかりで、広い道路を横切っていくのは心配でたまらず、私は後ろをついていきました。

案の定、危なっかしくて見ていられず、何度も「止まって！」「降りて！」と叫びましたが、娘は必死でこぎ続けます。ついに、公園の一つ手前の角で「もうついて来ないで！」と恐い顔で追い返され、娘が無事帰ってくるまでは生きた心地がしませんでした。夜、父親と私できつく叱り、こんこんと言って聞かせ、友達と遊ぶのはよいが、一人で自転車に乗って行ってはいけないと約束させました。

その一週間ほど後、私が夕方買い物に行っているあいだ、娘は留守番をしているはずだったのに、帰ってきたら姿がありません。自転車はあったので、今度は歩いてどこへ遊びに行ったのだろうと心配して待っていると、一時間以上たってから意気揚々と帰ってきました。なんと、親の自転車の後ろに乗ってしか行ったことのない遠くのスーパーを探して一人でたどり着き、ママを驚かそうと思ったけどいなかったから、いろいろな道を探検しながら帰ってきたと言うのです。

ついこの前まで、私から離れてどこにも行けなかった娘の変化はうれしく思います。でも、こんな時代ですから、事故に遭わないか、誘拐されないか、怖くて仕方ありません。いくつになろうと親は子の心配をするものでしょうが、生まれてから一緒に成長してきたのに、何か私は娘に置いていかれたような気分です。いくつになったら、「一人で行ってもいいよ」と背中を押してあげられるようになるのでしょうか？　どんな条件が揃ったらＯＫを出せるのでしょうか。どう考えたらいいのかわかりません。

A17　わが子が成長していくときの〝うれさびしさ〟

子育ては〝くるたのしい〟という表現があります。苦しいけど楽しい、楽しいけど苦しい。同様に、わが子が成長して親から自立していくことは〝うれさびしい〟。うれしさ半分、寂しさ半分。人間には、単純には表せない複雑な感情があることを教えてくれるよい例ですね。「生まれてから一緒に成長してきたのに……」という言葉からは、これまでお子さんと〝くるたのしい〟濃密な時間を、共に過ごしてこられた素直な実感が伝わってきます。初めての登校、初めての自転車、初めての友達同士の「約束」。そんなわが子を見送り、帰りを待つ母親の気持ちは、時代を超えて普遍的なものかもしれません。

私もこれまで、幾度となく自問自答してきました。わが子が一人でそこへ、その手段で行くことを許すべきかどうか。その都度「必要なことは最低限すべて教えた。あとは本人次第。万一事故があった場合は、結果を引き受ける覚悟をしよう」と答えられるかどうかを判断の基準にしてきました。通学路や近所の公園でさえ、いつ犯罪被害や交通事故に遭うかもしれない今日、小学生の子どもが一人で出かけていく背中を見送る母親は、多かれ少なかれ〝命がけ〟で待つ修業を課せられるように思います。

携帯電話やPHSを子どもに持たせ、いつでも連絡が取れるようにするという策もあるでしょうが、安心と引き換えに失われる何かがあることも、忘れてはならないでしょう。親がドキドキしながら家で待っているとき、子は一人でやはりドキドキしながら新しい経験をしています。命がけで、信じて待ってくれている人がいるからこそ、その新たな経験が誇らしいものになり、自立が喜びになる。いつでも連絡がつくと思っていると、親も子もこころが鍛えられないのです。

「何歳になったら」「どんな条件がそろったら」という、万人共通の答えはありません。予期せぬ事態が起きたとき（大地震が起きた、知らない人に連れて行かれそうになったなど）の、避難場所、助けの求め方については、大人が繰り返し教え、確認させる必要がありますが、あとは毎回の経験の積み重ねによって、自然にOKを出すタイミングはわかってくるのではないでしょうか。問題は、「うちでの約束」が後手後手に回ってしまわないよう、親が一歩先を読んでいなくてはならないという点ですね。子どもは日々成長しており、昨日怖くてできなかったことが、今日はしたくてたまらないことに変わっていたりします。初めての子どもの場合、その読みがなかなか難しいのですが、先輩ママの話をよく聞き、想定範囲を広げておくことが役立ちます。「友達とお金をもって勝手におやつを買いに行ったりしないこと」なんて約束も、そのうちしておく必要があるかもしれませんね。先手を打って約束しておけば、「散々叱る」事態の何割かは起こらずにすむでしょう。

それにしても、娘さんの勇姿が目に浮かぶようです。ここは親としての〝うれさびしさ〟をしっかり味わいながら、一年生の自立心を大切に伸ばしてあげてください。

4

子育てを通して「内なる子ども」を生きる

子育ては、現実のわが子を育てるだけでなく、自らの子ども時代をもう一度生き直す営みでもあります。わが子が三歳のときは自分が三歳の頃の、わが子が思春期になれば思春期の頃の自分のこころが活性化されます。自分自身が、ほどほどに満たされ、家族と楽しい時間を過ごしてきたと感じている人は、わが子との生活にも自然に楽しいイメージを抱けます。もし、そこに深い傷つきや、満たされなかった甘えや、未解決の問題があれば、私たちはわが子とのかかわりのなかで、その課題と向き合うことになるでしょう。

子育ては「自分育て」とよく言われますが、それは単に今の自分が母親として成長していくという意味ではなく、自分自身のなかに住む「子ども」を育て直すという二重の意味をもっています。「こころ」という次元で考えれば、子どものなかにも、人生を透徹した目で見通す老人が住んでいるし、老人のなかにも幼子のような部分が住んでいます。娘のなかにも慈しむ母が住んでいるし、母のなかにも飛び跳ねる娘が住んでいるのです。

あなたのなかには、さて、どんな少女（少年）が住んでいるでしょうか。目の前のわが子と一緒に、自分の内なる子どもも育っていくと考えれば、子育ての世界はぐっと深みを帯びてきますね。たとえば、わが子が小学校に上がり、参観日で二十年ぶり、三十年ぶりに小学校へ出かけたとしましょう。そのとき私たちは「親」としてちゃんとふるまわなければと思う意識をもつと同時に、校舎の木の匂いや、運動場の砂ぼこり、子どもたちの歓声などの刺激を通して、小学生だったときの自分の感覚を呼び覚まされているはずです。もし、内気で教室では手を挙げられなかった自分が過去にいたなら、目の前で手を挙げられずにもじもじとうつむくわが子の姿と自分は容易に重なり、穏やかではない感情が湧き上がることでしょう。

過去の自分が甦るとき、当然そこには自分自身にとって重要な他者（親やきょうだい、教師など）との関係があります。ちゃんとできないことを責める母親と言いたいことを言えない自分がセットで思い出され、まるで同じようにわが子を責めている自分自身の姿に気づいて愕然としたり、わかってもらえなかった寂しさが怒りに転じ、わが子の担任の目配りの足りなさを過剰に責める気持ちになったりするかもしれません。

こんなふうに、子どもだった過去の自分に否定的な経験が多ければ多いほど、子育ては複雑なものになります。「ああ、この子は内気なタイプなんだな」と、ありのままに目の前のわが子を受け入れることが難しくなります。良くも悪くも、私たちは自分の経験からできごとを理解し、判断し、なじんだやり方で対応しようとするものです。「親が厳しく自分を責めたから、自分はそうならないでおこう」と正反対の極に振れる場合も、自分の経験に囚われていることに違いはありません。

しかし、そのような困難は、自分を生き直し、癒されるチャンス（恵み）でもあります。子育てで、何かしらコントロールできない、説明のつかない強い感情が繰り返し湧き起こるとき、私たちは目の前のわが子を何とかしようとがむしゃらに努力をする前に、まず自分の内なる子どもが何を欲しているのかを知り、その思いを満たせるように生きてみる必要があるのではないでしょうか。本章では、どんなふうにその問題に気づけばよいか、気づいたときどうすればよいか、臨床心理学の視点から考えてみたいと思います。

Q18 実母そっくりに娘を虐待する自分に気づき、自己嫌悪でいっぱいです

（40代女性）

六歳の娘と一歳の息子の母親です。私の実母は、精神的に不安定な人でした。余裕がなくいつもイライラしていて、私はいつも、お前は駄目な子だとか、愚図だとか言われて叩かれていました。ひどいときは階段の上から突き落とされたり（今でもそのときの傷があります）、話しかけても無視されて何日も口を聞いてもらえなかったりしました。小さいときは母親の様子をいつもびくびくしながら見て育ち、言いたいことも言えずに過ごしてきました。母親は、とても優しいときもあって、好きなものを買ってくれたりするので、自分が悪いのかとも思っていたのですが、やはりその後も暴力や暴言が続き、私はそんな母がいやになって高校卒業後家を出ました。その後はほとんど連絡を取っていません。

こんな母親を殺したいほど憎んでいましたが、自分が母親に似てきたのではないかと心配になってきています。わが子には優しくしたいと思っているのですが、ついこの前、動作の遅い娘を見ていてイラつき、蹴飛ばしてしまいました。最近、娘は口答えすることが増え、言うことを聞かないと思わず手をあげてしまいます。気づくと、実母にそっくりな言動をとる自分がいて、ショックを受けています。絶対、親のようにはならないと思っていましたので、自己嫌悪でいっぱいです。でもこの先、娘に二度と手をあげないかというと、その自信もありません。虐待に関する本を図書館で借りてきて読んだり、A

C（アダルト・チルドレン）という言葉についてもネットで調べてみました。そこに書かれているように、私は自分の言いたいことが今でもうまく言えず、自分に自信がもてず、人付き合いが苦手です。

実母との関係を、娘との間で繰り返さないようにするには、どうしたらいいのでしょうか。本当につらくて、私なんかいなくなればよいのにと思ってしまいます。

A18 世代間伝達の鎖を解いていくには

最近、子どもの虐待との関連で、子育てにおける世代間伝達（連鎖）の問題が取り上げられることが増えてきました。わが子に暴力をふるう親は、親自身が子どものころその親から暴力をふるわれた経験をもつ場合が多いといった調査データや事例の蓄積により、親子関係においては同じパターンが次の世代に引き継がれやすいという考え方は、一応の裏づけをもつものと言ってよいでしょう。

確かに私たち人間は、自分が経験してきたことを土台にものごとを認知し、自分の経験に基づいた行動をとることしかなかなかできないものです。〝AC〟とは、もともとアルコール依存症の親に育てられて大人になった人（Adult Children of Alcoholics）のことを指す言葉ですが、お酒におぼれる親から虐待されたり無視されたりして育った子どもは自己評価が低く、不安定で、自分が親になったとき同様の育児を繰り返しやすいという事実がかつてアメリカで注目され、わが国でも少し前に流行語になりました。現在ではアルコール依存に限らず、適切な育児を行えない家族の下に育った人をＡＣと呼び、当人がＡＣと自覚して自助グループの仲間と支え合い、悪しき世代間伝達を防ぐことが重要視されるようになっています。おそらくご質問くださった方も、「殺したい」ほどの憎しみと、その底にある悲しみを抱えながら、長い年月をかけて、よりよい人生を築こうと努力されてきたのでしょう。

しかしながら、このような世代間伝達は、親・あなた・子ども三世代だけの問題ではありません。あなたのお母さんがそのようにしか生きられない背後にはお母さんの親が、そしてお母さんの親がそのようにしか子育てできなかった背後にはさらにその親がいたのです。連綿と続く遺産を、自分の代だけで完全に断ち切ろうとしても難しいのは当然です。啓発的な本にはいろいろな断ち切り方が書いてあるかもしれませんが、完ぺきを目指して、できない自分を責める悪循環にはまることは避けてくださいね。まず、気づいた人ができるだけ負の遺産を減らすよう頑張ること。そして残った課題はまた何世代かかけて少しずつ解いてもらえばよい。そんなふうに、託す部分があってもよいのではないでしょうか。すでに、十分よくやってきておられると思います。あなたご自身に、自我を主張できた経験が乏しいのなら、娘さんが自我を主張したときにとっさの対応がうまくできないのは当然です。一方、娘さんは、主張（口答え）できる親子関係をもてているわけですよね！

「実母との関係を繰り返したくない」と思うあまり、正反対の対応のほうへ振り子が振れてしまうのも心配です。誰かと似てしまっているかどうか、という一本のものさしで判断するのではなく、できるだけさまざまな親子とつき合って、世界を広げ、そのなかでご自身やお母さんの子育てを相対化してみてください。つらい経験を反面教師のバネにするよりも、きっと肩の力を抜いた親子関係が築けると思います。

Q19

子どもが無邪気に甘えてくると、恵まれなかった自分の子ども時代がよみがえり、苦しくてなりません（20代女性）

四歳の息子がいる母親です。その子と接していると、自分のなかの暗くて醜い気持ちがよみがえり、苦しくてたまらなくなります。私は小さいころあまり家庭に恵まれませんでした。両親ははやくに離婚し、母親は別の男性と家を出て行って、今どこにいるかもわかりません。その後は父方の祖父母にあずけられたり、中学生になってからは父親とその再婚相手と一緒に住んだりして育ちました。母親からは見捨てられた気持ちでいっぱいですし、父親や祖母からは「お前はかわいげがない。あの母親にそっくりだ。面倒をみてやっているだけ有難く思え」といつも言われていたことが心の傷になっています。

自分が子育てをするようになって、何不自由なく暮らしているわが子をみると、虚しくなるというか、時々憎くなってしまいます。無邪気に甘え、わがままを言われると、許せない気持ちになってしまいます。夫は私に、息子に厳しすぎると言います。ささいなことで怒鳴ったり、後からふりかえると、わざと意地悪をしているようなときもある気がします。

今の生活に何も問題はありません。夫もやさしい人で、本当によかったと思っているのですが、どうしてものびやかな気持ちで子育てをすることができません。自分自身の親や育ててくれた祖父母とのこころの壁に直面し、先に進めないのです。このままでは、息子にも悪影響を与えてしまいそうです。どうしたら過去を克服し、幸せな家庭を築いていけるでしょうか。

A19 子どもの自分に大人として対処する

家族との縁薄く、幼いころから祖父母に頼るしかない厳しい環境に育ったにもかかわらず、授かったお子さんを大切に思い、懸命に育てておられる様子がよく伝わってきます。

「かわいげがない」と言われる子は、たまたま早熟であったか、無理やり大人になることを急がされた子どもです。大人が期待する年齢相応の弱さや頼りなさを、〝甘え〟という形で表現しない子どものことです。ご質問くださった方は、おそらく一人っ子か長女として、祖父母に迷惑をかけないように、離れて住む母親に認められるように、精いっぱい大人のように自分を制してやってこられたのでしょう。

でも、子育ての過程では、自分の〝内なる子ども〟が目覚め、活性化されます。母と幼い子どもは自然に同調し合い、母親はわが子を通して自分の子ども時代を再体験します。路傍にしゃがんでタンポポの花をめでるわが子と同じ目線で、新鮮な感動を一緒に味わい、サンタクロースが来る夜をわくわくして過ごせる人は、幸運です。

一方、つらい子ども時代を送った人は、傷つき、もっと甘えたかった〝内なる子ども〟が目覚め、凍結しておいたはずのさまざまな感情がよみがえって、対処を迫られます。息子さんの「何不自由ない生活」や「無邪気な甘え」を許せなくなって怒鳴ったり意地悪をしてしまうあなたの反応も、生育史を考えれば理解できるものです。わが子がかつての自分と違い、のびのびと欲求を表現し、甘えが受け入れられる姿を目の当たりにすると、まるで双子のきょうだいであるかのように、わが子に対して嫉妬《しっと》と怒りを感じるのではないですか？　〝大人の部分〟がどんなに理性で頑張っても、目覚めた〝内なる子ども〟のパワーがそれをしのいでしまうことはあります。「甘えたいのは私のほうよ！」と、こころのなかで暴れだすのです。

　母親が幼いわが子に嫉妬するなんてあり得るのだろうか、と思われる方もいらっしゃるかもしれません。でも、この世のすべてを信じ切っているような、無垢《むく》な寝顔を見せるというだけで、わが子を許しがたく思う人もいます。また、そんな特別な例を挙げなくとも、私たちは往々にして、わが子がもっている自分にはない長所を無意識にうらやんだり、積極的に認めようとしなかったりするものです。

　ご自身の両親や祖父母との「こころの壁」を溶かす望みがもてそうにないあなたにとって、子育てはこれからも平坦《へいたん》な道のりではないでしょう。しかしながら、子育ては自分の〝内なる子ども〟を生き直し、過去の傷つきを癒されるチャンスであることも確かです。たとえ、つらい過去の再体験であっても、決定的に違うのは、すでに自分が無力な子どもではなく、自分の人生を主体的に選択できる大人として、同じ感情に対処することができるからです。それゆえ、気持ちを自由に表現し、甘えを受け止めてもらう経験を、ぜひあなたがまず味わってほしいと私は思います。可能なら夫との間で、難しければカウンセラーや保育の先生を見つけて。すぐれた保育の先生は、適切に子どもの世話ができるだけでなく、母子を込みにして温かく抱えてくれるはずです。そうして誰かに甘える経験を通し、少しずつわが子の甘えを受け止めることが自然にできるようになるのではないでしょうか。

変化には年単位の時間がかかるかもしれませんが、遅すぎるということは決してありません。再び感情を凍結し、無理やり大人を生きようとはしないでくださいね。

Q20 子どもが泣くたびに、私も落ち込んで泣いてしまいます（20代女性）

ちょっと変だと思われるかもしれませんが、勇気を出して相談します。九ヵ月になる赤ちゃんがいます。子育てはとても楽しいのですが、子どもが泣き出すと私は必要以上に反応してしまいます。オムツがぬれているだけだ、おなかがすいているだけだ、と思おうとするのですが、泣き声をきくと自分も悲しくなって落ち込み、子どもみたいに泣いてしまうのです。

こんなに赤ちゃんを泣かせてしまう自分は駄目な母親だとか、なかなか泣きやまないときは、責められているような気がして、自分なんかに育てられるよりも他のお母さんのもとに生まれればもっと幸せになれたのにと思ったりもします。近所の先輩ママたちは、「赤ちゃんは泣くのが仕事」「子育ては楽しまなきゃ」と言います。私のように思うのは、馬鹿馬鹿しいことだと十分頭ではわかっているのですが、それでも駄目なんです。子どもが泣けば、すごくかわいそうになって、そのたびに涙が出ます。子どもが笑えば、私も幸せな気分になります。うつ状態や育児ノイローゼというのでもなさそうです。

私はいつも人の目を気にしておどおどしています。自信がなくて、何か問題がおこったときは、つねに自分が悪いんだと必要以上に自己否定してしまうタイプです。こんな性格になってしまったのは、私の生育歴とも関係があるかもしれません。小さいとき、母親が病気で長く入院し、祖父母に預けられて育ちました。母親にはときどきしか会えず、心細い思いでじっと耐えていたことを思い出します。退院して戻ってきてからも、なんとなくぎこちない感じでうまく甘えられませんでした。

子ども時代に寂しい思いをしたことが原因で満足な育児ができなくなっているのでしょうか。子どもが泣くのが恐くて、落ち着いて料理も作れません。ちなみに、今は私の母親も元気になり、子どもの話をしたりして新しい関係を築くことができています。夫や友人にも普通に恵まれています。

A20 わが子と一緒に自分の内なる子どもを育てる

赤ちゃんの渾身《こんしん》の泣き声は、親の奥深い感情を揺さぶり、呼び覚まします。言葉以前の、なんの加工もなくからだに刻み込まれた古い記憶が、長く忘れ去られた年月ののちに掘り出されて起き上がる巨神兵（宮崎駿の『風の谷のナウシカ』に登場する、滅びた旧世界の怪物）のように、湧き上がってくる感じと言えばよいでしょうか。

そこでどのような感情がよみがえるかは、さまざまです。力強いいのちの叫び、喜ばしさ。言いようのない悲しみ、寂しさ。責め立てられる感じ、苦しさ、つらさ。激しい怒り、はたまた渇望。否定的な感情があまりに自分を脅かすため、切り離して何も感じられなくなる人さえいます。

あるお母さんは、わが子が泣くたびに「おお、かわいそうに。何がそんなに悲しいの?」と顔をのぞき込んであやしていました。赤ちゃんは、決して毎回悲しくて泣くわけではありません。空腹の不快感で怒っているのかもしれませんし、興奮を鎮めて眠るため泣かざるを得ないのかもしれません。ただ甘えて誰かにかまってほしいだけかもしれません。にもかかわらず、毎回〝かわいそう〟という感情がわき起こるとすれば、それは目の前のわが子に対してというより、わが子と二重写しになった過去の自分自身へ向けられたものと考えてよいと思うのです。

ご質問くださったママは、子どもが笑うと自分もそこに居ることを許されている心地がし、子どもが泣くと、自分はこの世に居ないほうがよいような心地がして、無力感に圧倒されるのですね。幼子の泣き声は、親のこころの根底のところを揺さぶります。おそらくは、小さいころ母親と離されて育ち、祖母への気遣いから泣きたくても泣けず、こころのなかで泣いても誰にも助けてもらえなかった〝無力なわたし〟が目覚め、あなたを支配するのではないでしょうか。お母さんやおばあさんが笑顔でいてくれるときだけ、生きていてよい心地がしたかつての〝私〟は、内なる子どもとして今もあなたのなかに住み、思い切り泣きたいと助けを求めているのです。

子ども時代の涙を封印してきた人にとって、子育てはこのような再体験の危機を内包しています。「楽しまなきゃ」と言われて、すぐに割り切れるほど、内なる子どもは聞き分けてくれません。でも、お子さんの誕生によって、お母さんと新しい関係が築けたように、わが子に呼び覚まされる感情と向き合うことによって、子ども時代の自分自身を生き直し、より確かな自信をはぐくんでいく可能性が開かれます。どうぞ、お子さんをあやしながら、しみじみと、お母さんと昔語りをしてみてください。「泣きたくなったら、電話していい？」と甘えてみてください。そうして、わが子と一緒に、自分の内なる子どもも育てていくつもりで、少しずつ進んでいけばよいのだと思いますよ。

Q21 長女に厳しすぎると実母から責められ、子どもの前で大喧嘩をしてしまいました（30代女性）

はじめまして。六歳女、三歳女、一歳男の三人の子の母親です。子どもたちはみな可愛いし、平等に扱おうと努力しているのですが、どうも長女につらくあたってしまうようです。次女は明るくやんちゃですが、長女はどちらかというと神経質で、性格も私に似ています。下の子の授乳中に長女が寄ってきて、あれこれ話しかけてくるとうっとうしく感じたり、ちょっとしたことがすぐできないと、厳しく叱ったりしてしまいます。

近くに住んでいる私の実母は、私の長女への態度が厳しすぎてかわいそうだといつも言います。次女を見る表情と、長女を見る表情が全然違うとも言われます。先日、母がうちに来ていたとき、長女が「お母さんは、○○（妹）ばかりかわいがって、私のことが嫌いなんだ。本当の子どもじゃないのかな」と話したらしく、そんなことまで言わせるなんて、と実母からひどく責められました。

でも私が子どもの頃はもっと厳しく育てられました。私も三人姉妹の長女だったので、いつも妹のわがままばかり優先されて、下の妹たちの犠牲になってきた気がします。経済的な事情で母は働いており、私は寂しい思いを抱えながら家の手伝いをよくしていました。うらみごとを言えばきりがありません。それぞれ家庭をもった今でも、実家に集まると私は気をつかって食事の用意や片づけを手伝うのに、妹たちは何もせず、そのくせ子どもの面倒は母に見させていいとこ取りばかりです。今の今に至るまで、妹たちとの扱いと私の扱いは大違いです。それなのに私の子育てを非難され、腹が立って実母とは大喧嘩になりました。ずっとこころに溜めていたものが一気にあふれ、これまで言えなかった不満を泣きながらぶつけてしまいました。隣の部屋で、長女も聞いていたのではないかと思います。

その後、母とはしばらく口をきかなくなり、長女も何か察しているようで、自分の言ったことを後悔しています。これからの子育てを、私はどんなふうに考えていったらいいのでしょうか。

A21 同じきょうだい順位の子どもには自分を重ねやすい

ご質問くださった方は、長女として生まれ、母親から厳しく（おそらく長子として早い自立を期待され）育てられました。ご自身が母になり、下の子どもが生まれたとき、知らず知らずのうちに、長女に自分を重ねていたとしても不思議ではありません。一般に言って、同じきょうだい順位の子どもには、自分を重ねやすいのです。長女として厳しくしつけられた人は、自分の長女にも同様のしつけをし、末子としてかわいがられた人は、自分の末子にも甘く振る舞うというふうに。それは、ある程度避けられない自然の成り行きです。さらに、下の子の母乳育児中に、上の子へのかかわりをわずらわしく思うというのも、しばしば生じる一過性の反応です。そういった傾向を意識し、行きすぎないようコントロールできるなら、私はそんなに心配しなくて大丈夫だと思います。

一方、ご質問くださった方の場合は、〝長女に厳しい〟実のお母さんとの関係性が、今もって続いていることが別の大きな問題のようです。きっと、妹たちの子育てにはそんなに口出しをしなくても、長女であるあなたの子育てに対しては厳しく批判し、甘えを許してくださらないということなのでしょうね。

私たちは、自分のなかにうすうすあると気づきながらも認めたくない性質や未解決の問題を、他者のなかに見つけやすいものです。実のお母さんにとってもそれは同様であり、だからこそ〝長女に厳しい〟ことに対してそれほど過敏になり、過剰な批判をされるのかもしれません。

子育てを通してよみがえってきた、あなた自身のこころのなかに積もっていた思いをお母さんに表現し、ぶつけられたことは、私はよかったと思います。すぐに受け止めてもらえなかったのは残念ですが、お母さんにとっても自分の子育てを否定されるのはつらいこと。「お母さんを責めているのではない」「私が小さいときに感じていた気持ちが、今だからこそ言える」「寂しい気持ちをがまんして頑張っていたことをわかってくれるだけでいい」と、時間をかけて伝えていってください。最初は難しくても、少しずつ関係は変化していけるかもしれない。お母さんもまた、子育て中のつらかった心情を話してくださるかもしれません。

正直にお母さんにぶつけたことによって、何かが娘さんに伝わるとしても、伝わることは一つではありません。少なくとも、そこから娘さんは自分のありのままの感情を母親にぶつけてもよいのだ、そしてぶつけても母娘の関係は壊れないのだ、ということを学ぶでしょう。そのためにも、お母さんとのコミュニケーションは絶やさないで。「もう何も言うものか」とお互いが意地になることは、くれぐれも避けてくださいね。

Q22 いつか自分の息子が死ぬのでは、と不安でたまりません（40代女性）

一三歳の娘と二歳一〇ヵ月の息子の母親です。きょうだいの歳が離れているのは、二度目の結婚生活だからです。前夫とのあいだにはもう一人男の子がいましたが、裁判離婚をして、泣く泣く手放した過去があります。現在の夫は四年前に知り合い、高齢にもかかわらず元気な子を授かりました。今は、幸せな生活に感謝しています。それなのに、なぜかいつも漠然とした不安がこころのなかにあって、自分でも戸惑っています。というのも、テレビで子どもが交通事故に遭って死んだとか、マンションの階段から転落死したというニュースを見ると、「自分の息子もいつかそんな事故に遭って死ぬのではないか」と、恐い場面が脳裏に浮かび、居ても立ってもいられなくなるのです。最近、子どもの動きが活発になったことも、不安に拍車をかけていると思います。散歩に出かけると、階段を下りるのも、踏切を渡るのも、きつく手を引っ張ってしまいます。また、家でぼーっとしているときでも、ときどき心臓が締め付けられるようになることがあり、涙目で息子を抱き締めたりします。

実は、私は弟を水難事故で亡くしています。増水した川に流されたと聞いています。とても可愛いがっていた弟で、亡くなったとき三歳でした。母親はそのあと寝込んでしまい、私もしばらく学校を休んでいた記憶があります。息子が、亡くなった弟の年齢に近づいてきたことが何か関係しているのでしょうか。昔、占い師にみてもらったときに「あなたの家系は男の子が育ちにくい」と言われたことも思い出します。そんなことを毎日考えていること自体、ばかばかしいとわかっているのですが、不吉な考えが頭にこびりついて離れません。夫は私を気遣って話を聞いてくれますが、やはり考え出すと不安でしょうがありません。今の息子だけは、何とか無事に育て上げたいと祈る毎日です。どうしたら心の平穏がとりもどせるでしょうか。

A22 「いばら姫の母」にならぬように

離婚に至る苦しみや、わが子を手放す痛みを乗り越え、新しい幸福をその手につかまれたことをすばらしく思います。しかしながら、母親にとって、意図せずわが子と別れざるを得なかった傷つきと罪悪感は、どんなに時間がたっても消えることなくこころの奥底に沈殿し続けるものではないでしょうか。

さらに、事故で弟さんを亡くすという過去の経験が重なり、〝(不可抗力の事態が起こって)また息子を失うかもしれない〟という現在の不安を生じさせている可能性は十分考えられます。父親が若くして病死したり、兄弟を事故で亡くすといった喪失体験をした人も、息子(失った家族と同性の子)に対して、とりわけ心配を抱き、保護的になってしまうことがあります。たとえれば、待ちに待って授かった娘に降りかかった〝死(百年の眠り)の予言〟を実現させないために、国中の〝つむ〟を焼き捨てさせた、グリム童話「いばら姫」(ペロー童話の「眠れる森の美女」に同じ)の王と王妃のように、わが子に及ぶかもしれない危険を遠ざけようと過敏に反応してしまうのです。

このような反応は、ややもすると、子ども自身が危険を察知して自分を守る力を育てる機会を失わせ、童話の結末が示しているように、かえって予言の成就を導いてしまいます。もしも、息子さんの行動を制止したくなったときは、それが現実の危険を回避するために必要なことか、それともご自身の内的な不安に駆られてのことなのか、区別する一瞬のゆとりを失わないでください。不安から、わが子をきつく抱き締めすぎないでください。

「ばかばかしいとわかっているのに、不吉な考えが頭にこびりついて離れない」状態は、心理学の用語で〝強迫観念〟といいます。ご質問くださった方の場合はおそらく、喪失の恐怖や〝(息子さんを離婚で手放した自分が)幸福になること〟への罪悪感など、こころの奥底に沈殿する解決できない感情を打ち消すために、頭のなかにさまざまな不合理な観念が浮かび、強烈に自分に迫ってくるのだと考えられます。

その不合理な観念の出どころが自分なりに了解でき、「そんなばかなことはあり得ない」と、どうにか振り払えている間は、まだ大丈夫です。私たちは、誰しも似たような観念に取りつかれ、それと付き合いながら生きているものです。「4のつく番号の駐車場に車を止めてしまったけど、誰か死なないか」「(確認したのに）鍵をかけ忘れたのではないか」「向こうから来る車が、突然センターラインを超えてぶつかってきたら」「治らない病気にかかったのではないか」など、こころが疲れているときに、ばからしいとわかっている考えに悩まされた経験のある人は少なくないでしょう。

そのような観念は、心身の調子が上向けば、たいてい自然に気にならなくなるものです。しかし万一、振り払っても振り払ってもわいてきて、自分をコントロールできず、日常生活に支障を来すほどに至ったときは、早めにクリニックや相談機関へ行ってくださいね。軽い精神安定剤の服用で、強迫観念を和らげることも可能です。

何より、これ以上ご自身を観念の世界で責めないで。幸せになってよいのです。どうぞ、築いた新しい生活を大切にしていってください。

5

子どもの世界とのつき合い方

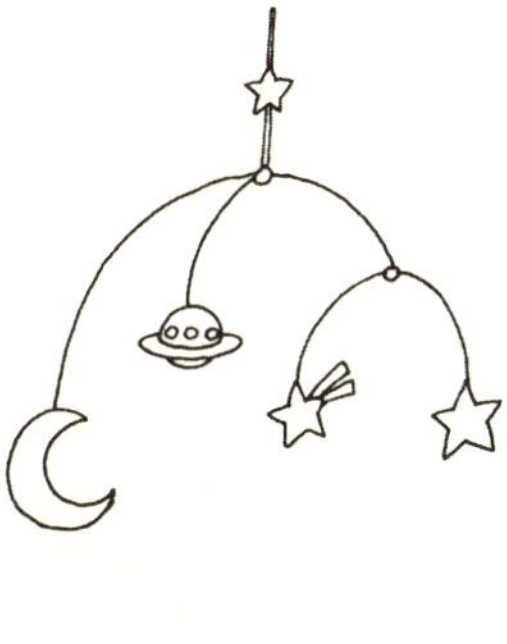

ときどき、スーパーなどの通路で、欲しいものを買ってもらえなくてぐずったり、しゃがみ込んで泣きわめいたりしている小さい子どもを見かけます。親としては、自分がしつけも満足にできないダメな親と見られているのではないかと周囲の（世間の）目が気になり、冷静ではいられなくなる場面です。そこで断固として諦めるまで泣かせるか、ごまかして連れ去るか、交換条件を出して取引するか、その場に残して立ち去るか……。どれが有効技かは、子どもと親の個性がぶつかり合う知恵比べの結果であり、子育ての醍醐味の一つでもあるのです。

そんな場面で、親のほうが「こうしてほしい」という自分の思いでいっぱいになり、目の前の子どもがどんな成長段階にあり、どんな内的世界に生きているかが見えていないのではと感じることがあります。たとえば、よちよち歩きの子どもに「また明日ねって言ってるでしょう！」と恐い形相で叱っているお母さんがいますが、一歳児は「明日」という言葉から、大人が実感するような時間のイメージを浮かべることができません。それくらいの子どもは、ただ「今」を生きていて、「今」満たされるのでなければ、明日だろうと一年先だろうと何も変わりはないという体験世界に住んでいるのです。「何度言ったらわかるの！」と叱られても、それは無理難題というものです。

大人が欲求をコントロールできるのは、時間を展望する内的な認知力が備わっているからです。どれくらい我慢すれば、いつどのように満たされるかというイメージが描けてこそ、今の欠乏に耐えられるのです。二〜三歳なら「一つ寝たらね」、学校に上がるころになればカレンダーに印をつけて、「七つ寝たらね」と示せば、子どもは実感をもってその時間のイメージを浮かべることができます。「来週ね」が納得できるのは、ふつう一年生を過ぎるころです。生活に「時間割」というものが入ってきて、子どもたちが週単位の時間の実感を経験からもてるようになるからです。

こういう時間の経験と共に、「空間」の経験も、子どもの世界と大人の世界はかなり違います。たとえば「川」と言われたら、大人は、山の源流に始まり、町を流れ、海に注ぎ、水蒸気になって空へ還った水滴が雨粒となって山に降るという永遠の循環を抽象的にイメージすることができます。でも、幼児から小学校一年生ぐらいの子どもは、自分が手で触れ、足を水に浸け、魚を獲ってみた直接経験の範囲でしかイメージを描けません。小さい子どもに、「川」の絵を描いてもらうと、しばしば「始めと終わり」がくっきり線で縁取られた長方形のような表現が出てきます。

その代わりに、子どもたちは水のなかで縦横無尽に泳ぎ、飛び出し、空を翔ける経験をすることができます。空想や幻想（ファンタジー）の世界では、妖精になり、怪物になり、英雄になり、お母さんやお兄ちゃんになれるのです。日本には、「七つ前は神の子」という言い習わしがありますが、それは戦前までのわが国の乳幼児の死亡率が高く、いつ死ぬかわからないという現実を言い表していただけでなく、これくらいの年齢の子どもたちは、この世の現実よりあちら側（幻想）の世界に多く住んでいるという比喩でもあったのだろうと思います。

現代人は、あまりに合理的な効率化社会に生きていて、親になった頃にはもう、なかなか子どもの自由奔放な空想の世界（あるいは言葉以前のイメージの世界）を理解することができなくなっているのかもしれません。わが子が空想の遊びや作り話に夢中になると、不安を掻き立てられたり、わが子が語る空想の言葉を現実の次元で受け止め、傷ついたりしてしまいがちです。しかし、大人の論理で思い通りに行かないからといって自分を責めたり子どもを叱ったりするのは、お互いにとって不幸です。本章では、子どものこころの世界を理解してつき合い、またファンタジーの世界に子どもと共に遊べるようになるには、どんな工夫が必要かを考えてみたいと思います。

Q23 排便が怖くて苦しむ二歳の娘に、どう接してあげればいいですか（20代女性）

毎日育児に奮闘しているママです。二歳になる娘のことでご相談があります。娘は野菜が嫌いで偏食ぎみのせいか、慢性的な便秘です。神経質なところもあるため、旅行に行ったり祖父母のところにお泊りにいったときなどは必ず便秘をして腹痛を訴えます。お水をのませたり、野菜と果物を一緒にジュースにして与えたりしますが、なかなかうんちがでません。お腹がパンパンにはって苦しそうです。

小児科で便が出やすくなる薬をもらい、排便の習慣をつけさせようとしているのですが、一度ひどい便秘のあとの排便が痛くて苦しんだせいか（浣腸も嫌がって泣きわめきました）、うんちをするのは怖いことだと思い込んでいます。へんに我慢をしたりして、ますますうんちが出にくくなるという悪循環です。「頑張れ！」と励ましたり、「痛いのが怖いのね」と慰めたり、いろいろ言葉をかけてみますが、はかばかしい反応はありません。子ども同士なら、と思ってお兄ちゃんにオマルまで連れていってもらっても、「あっち」と追い返して戻ってきてしまいます。どうしたら娘が便秘から解放されて、気持ちのよいうんちができるようになるでしょうか。

A23 〝うんち〟の絵本は心強い子育ての味方

「ママが赤ちゃんを産めるみたいに、自分だってこんな素敵な〝うんち〟が産める。」トイレットトレーニングの時期に、子どもにそんなふうに思わせることができれば、すでに排便のしつけは八割がた成功したようなもの。二歳児なら、たいていこの〝おだて〟作戦に乗って、一生懸命〝出産〟に励んでくれます。

一方、ご質問くださったママの娘さんは、不運にして〝うんち〟が便秘の排便の痛みと結びついてしまい、排便を恐れるようになったということです。恐れて我慢していると、便が大きく硬くなり、よけいに痛くて排便できないという悪循環にはまります。さらに、習慣的に排便を我慢していると、直腸の反射機能が衰え、便意自体も感じにくくなるそうです。そこへ浣腸や服薬で急に便意を催すと、娘さんとしては痛みの予感からパニック（恐怖反応）が生じるわけですね。もう、その瞬間には冷静な理解力は失われている状態ですから、「怖いのね」と共感してあげてもあまり効果がないかもしれません。いくら、ふつうのうんちは痛くないと言って聞かせても、娘さんの恐怖反応をリセットすることは難しいでしょう。

少し時間はかかりますが、こんなときには〝うんち〟の絵本が心強い味方です。たとえば、五味太郎さん作『みんなうんち』（福音館書店）。「おおきいぞうは　おおきいうんち　ちいさいねずみは　ちいさいうんち。」人間も、動物も、生きものはみんなうんちをするんだよ、という楽しい絵本です。「〇〇ちゃんはちいさいのに、ぞうさんみたいにりっぱなうんちなのかなあ」などと、絵本を読み聞かせながら、〝うんち〟に生き生きとしたイメージを与えてあげてください。〝小さいからだで大きなうんちを産むわたし〟という物語が娘さんのこころにフィットすれば、ママの「頑張れ！」のかけ声も、もっと届くようになるのではないでしょうか。

怖がって助けを求めるわが子の様子を目のあたりにすると、ママのこころも痛むことと思います。実際に痛がるときには、手のひらでおなかを〝の〟の字にマッサージしたり、指のツボを押したりしながら、「ベンピさん飛んでいけ～」とおまじないの言葉をかけてみてあげてください。

そう、二歳児には魔法がきくのです。ママが怖い顔で「頑張れ！」と言えばますます子どもは怖くなるし、優しい顔で呪文《じゅもん》をつぶやけば、子どもは楽になった気がする。ママが行き詰まった〝困り顔〟にならないことが、肝要だと思いますよ。

Q24 戦争のドラマを見せたら、息子は夜ひとりで眠れなくなりました。こころにトラウマをつくってしまったのでしょうか（30代女性）

六歳の息子がいます。先日、私が戦争を扱ったテレビドラマを観ておりましたら、戦闘機が出てきたせいか、息子もそばに腰をおろして一緒に見始めました。そのうち退屈して他のことをはじめるだろうと思っていたのですが、大空襲のシーンに釘付けになり結局最後まで一緒に観ていました。ドラマの筋は、小学校低学年ぐらいの子が主人公で、たくさんの人が死に、親をなくした小さな子どもたちが焼け跡を歩くシーンなどがありました。

そのあと「せんそうってなに？　くうしゅうってなに？　あの子のお父さんもお母さんも死んじゃったの？」と聞いてきたので、「戦争は、国と国のケンカのことだよ。あれは、昔本当にあったことでね。戦争がはじまったらみんな死んじゃっていいことは何もないから、絶対しちゃだめなんだよ」と説明しておきました。そのときは、ふーんという感じで聞いていて、そのまま終わったのですが、夜になっていったん寝ついてから、悪夢にうなされたのか、泣いて起きてしまいました。

それ以来、息子は「せんそうってまたはじまるの？　お母さんも死んでしまうの？」と頻繁にきいてくるようになりました。幼稚園の先生にも同じことを訊ねているようです。「今はもう大丈夫だよ。昔のことだよ」と言い聞かせているのですが、あれから怖がって夜ひとりで眠ることができません。楽しみにしていた小学校も、「ぼく、一人で行けない」と言います。

ちょうどよい機会だと思い、息子の疑問に答えたつもりだったのですが、戦争について教えるのはまだ早かったのでしょうか。怖い思いをさせて息子のこころにトラウマを作ってしまったのでしょうか。ショックと後悔で、自分も寝付けないほどです。私は、子どもが見たがるものは、ちょっときつい内容の絵本でも読み聞かせたりしていたのですが、親がよく考えたほうがいいのでしょうか。

A24 人生の現実をいつ、どんなふうに子どもに伝えるか

戦争や、いのちのはかなさ、大切さについて、子どもたちに伝えるのは親の重要な務めです。でも、それをいつ、どのように伝えるかは、戦争を知らない世代の私たちにとって、とても難しい問題ですね。

私自身が子どものころは、戦争中を生き抜いた世代の両親から、空襲の話も、学徒動員の話も、赤紙が来た話も、軍隊での生活や家族やきょうだいが戦死した話も、「パパやママが子どものころはね……」で始まる体験談として、子守歌のように何度も語り聞かされたものでした。子どもごころに、戦争が何かはわからなくても、「今の子どもは幸せなんだよ。だから今こうやって生活できることを感謝しないといけないんだよ」という、親からの直接的なメッセージを感じ取ることができました。怖さ

よりも、〝今生きていることのありがたさ〟が伝わってきました。

でも、親となった私たちは、特別な任務で海外の戦場に赴いたことでもない限り、〝知的に〟理解した戦争を語ることしかできません。つまり、大人に近い知的な理解力がまだ備わっていない幼児に、戦争の恐ろしさを伝える適切な手段をもっていないのです。

ご質問くださった方は、たまたま一緒に見ていた戦争のテレビドラマから、子どもに戦争の怖さを教えたところ、その夜、悪夢にうなされたらしい息子さんの様子にショックを受けられたということです。幼稚園のころの子どもは、まだまだ現実とファンタジー（空想や幻想）の間を自由に行き来する世界に住んでいます。自分の生活と結びつけて理解できる日本語の語彙《ごい》も、限られています。たとえば、「戦い」「戦争」という言葉を抽象的な次元で理解することはできません。「ケンカ」と言われれば、いつもしているきょうだいゲンカ、パパとママのケンカなど、具体的な自分の体験に重ねて「よくないことなんだな」と理解することはできますが、「戦争」と言われると、ファンタジーのなかで、得体の知れない怖い何かに膨らんでいくわけです。

大人でも、初級程度しかわからない外国語の映画を初めて観たとき、どんなふうに理解しますか。わかる単語と、印象的な映像をつなぎ合わせて、自分なりに筋をつかもうとしますよね。おそらく息子さんの場合、「小学生の子」「独りで行く」「悲惨な結末を迎える」というドラマの断片が結びつき、「いずれ自分に怖いことが降りかかる」という悪夢のイメージとなって表れたのでしょう。

「トラウマ」といえば、確かにそうかもしれませんが、生涯にわたってその人を圧倒し続けるようなトラウマとは、まったく程度の違うものだと思います。そんなに動揺される必要はありません。しばらく、「怖い話」はお預けにして、息子さんの気持ちが収まるのを待ってみてください。

子どもにいつ、人生の現実を教えるか、どんな物語や映像を使うのがよいか、あまり〝教育的〟な側面に神経質になる必要はないと思います。ただ、内容の深刻なものに関しては、小学校低学年ごろまでは、なるべく、その時々のわが子の体験世界と重ねて消化しやすいものを選んであげるのがよいかもしれませんね。「死」「いじめ」「差別」「性」などを扱った、多くの人に読まれている絵本などもいろいろと出版されていますが、何歳になったらOKというものでもありません。ときには親の判断で、「これはもうちょっと後にしようか」と、見せない選択をすることがあってもよいと思います。

Q25 五歳の息子が、ときどき何か見えるようなことを言います（30代女性）

五歳になる息子のことです。息子は内気な性格で、はじめての人とはうまく話すことができません。あいさつも小さな声でしかできないような子です。幼稚園でも、本を読んだり絵を描いたりしてひとりで遊ぶのが好きなようです。

その息子がしばらく前から、ときどき誰もいないのにあそこに何かいるよ、とか何も聞こえないのに自分を呼ぶ声がする、などと言います。空中に飛行物体が見えたり、海賊が刀で戦っている音が聞こえるというのです。別に、何か悪さをしてくるとか、怖い思いをしているわけではなさそうなので、ただ聞いていましたが、先日、幼稚園の他のママに、息子が友達から「変なことを言う子」と言われたり、嘘つきと言われることもあると聞いて、急に心配になってきました。

主人は、息子が昨年の冬インフルエンザにかかって高熱を出したせいじゃないかと言うので、病院につれていきましたが、お医者さんからは特に心配はないと言われました。親が気にしているのが伝わったのか、息子は最近あまり言わなくなりましたが、本当のところ、どれくらい見えているのかはわかりません。私が昨年からパートに出だして、あまりかまってやれなくなったことが関係しているのかとも思い、なるべく一緒に遊んであげるようにしています。このままで、息子は大丈夫でしょうか。

A25 幻想の世界と行き来する子ども

空を飛ぶものと、海賊が現れると聞けば、真っ先に連想するのは「ピーターパン」のネバーランドの物語です。子どもには、大人には見えないものが見えるというあのお話は、単なる比喩《ゆ》ではなく、〝本当に〟見える子どもがいるということなのですね。

大人なら、ないものが見えるとなれば精神病や薬物中毒の幻覚を疑いますが、小さい子どもの場合は、そういった病理は想定しません。高熱で脳の代謝異常が起きたときや、入眠時（夢うつつの意識の状態）にも幻覚が生じることがありますから、息子さんも、きっかけはインフルエンザの発熱だったかもしれませんね。でも、医学的に特別な問題はないという判断が出ているようです。何か大変なことの兆候では、とあまりご心配なさらないでください。

そもそも小さい子どもは、現実の世界と幻想（ファンタジー）の世界、言い換えれば「こちらの世界」と「あちらの世界」を自在に行き来できる生き物であり、大人のように明確な区別をもっていません。だからこそ、私たちにとっては人間が入ったかぶりものにすぎないハム太郎でも、テレビのなかから飛び出してきたように生き生きと感じられるし、デパートの包み紙に入ったプレゼントでも、北の国からサンタクロースがはるばる運んできてくれたのだと感激することができるのです。

この、「こちら」と「あちら」を行き来できる力には個人差があります。内向的な子どもであったり、病気やいろいろな事情で一人でいることが多い子どもの場合、幻想（ファンタジー）の世界のもつ比重は高まるかもしれません。息子さんの場合も、もしママがパートに出始めたころから見えるということなら、一緒に遊べる時間が減った寂しさを癒《いや》すために、あちらの世界が生き生きと姿を現したのでしょう。おばけや怪物が襲ってくる怖い世界でないなら、それは息子さんを守っているのです。見えるのを〝困ったこと〟と受け止めず、聞き出しすぎず、大切に尊重してあげてください。

五歳ではまだ、幻想も断片的でしょうけれども、小学生ぐらいになるともう少し複雑な物語性を帯びてきます。ママに、そんな経験がなくて不安に感じられるようでしたら、次のような本がお勧めです。『ふしぎなともだち』（サイモン・ジェームズさく／小川仁央やく、評論社）。これは、パパは軍隊に入って遠くへ行き、ママは仕事で留守、引越し先でひとり過ごす主人公のレオン少年が、見えない友達とこころを通わせるという絵本。

『思い出のマーニー』（上・下、ロビンソン／松野正子訳、岩波書店）。これは、ぜんそくと深いこころの傷をもつ少女アンナが、静養先の海辺の村で、無人屋敷に出入りするうちにマーニーという（幻想上の）少女と出会い、さまざまな経験をし、あやうくあちらの世界から戻れなくなるところを帰還して、自分とこちらの世界を愛せるようになるという長編児童文学です。

後者は、『子どもの本を読む』（河合隼雄、講談社＋α文庫）に素晴らしい解説が載っていますので、あわせて読んでみてください。もちろん、ママやこちらの世界のお友達と元気に遊ぶうちに、息子さんがあちらの世界を忘れてしまうようなら、それはそれでＯＫです！

Q26 四歳の娘が、ごっこ遊びばかりするのが心配です（20代女性）

四歳の娘ですが、最近はごっこ遊びばかりします。一人っ子なので、なるべく実家に帰っていとこたちと遊ばせたり、友達家族と出かけたり、人とかかわる機会を増やすように気をつけているのですが、最近は家にいると、私や主人を相手にごっこ遊びをしたがります。たいていは、テレビアニメのキャラクターになり切って、お姫様の役をやったり、お店屋さんになって料理を食べさせたりといったものなのですが、たまに主人が相手をするときには、プラレール（電車と線路のおもちゃ）の線路の上に人形を置いて、わざと電車に轢かせたり、踏切をわたる車にぶつけさせて、きゃっきゃっと声を上げて娘は喜んでいます。私は、事故や災難など残酷なごっこ遊びはしないほうがよいと思い、主人に言いますが、「遊んでいるだけだよ」と気にしていない様子です。先日も、娘が車を運転する役で、ベビーカーの赤ちゃんに突進するという遊びを何度もしているので、私が「かわいそうでしょ」「人を轢いたら、おまわりさんにつかまるんだよ」と教えたら、娘は一瞬、いやそうな顔をしてふいと向こうを向いてしまいました。遊びを通して社会のルールを教えるのも一つの手だと思っていますが、遊びだからそこまで言う必要はないのかとも思います。でも、空想の世界にばかり浸っているのも心配です。このようなごっこ遊びは、どの程度娘の成長や性格に影響するのでしょうか。

A26 共にファンタジーの世界を生きる

子どもがごっこ遊びのなかで膨らませるファンタジーには、人生のあらゆる真実が含まれています。誕生と死、出会いと別れ、成長と破壊、幸運と災難、もろもろの喜怒哀楽……。ごっこ遊びは、単に大人の振る舞いを模倣して、自分の役割や社会のルールを身につける準備をするためだけのものではありません。子どもは、自分のこころの内にあるさまざまな欲望や恐れや、深く未分化な感情を表現し、ファンタジーのなかで経験し、消化していくために必要な営みとして、ごっこ遊びをするのです。

かつて口承伝承として子どもに語り聞かされてきた昔話が、実は、結構残酷なシーンを含んでいたのも同じ理由です。グリム兄弟などが近代になって活字に編集したときに多くの改変が加えられ、娘を殺そうとする〝実母〟が、〝継母〟や〝魔女〟にすり替えられたりしたことは、近年よく知られるところとなりました。ディズニー映画などで美しく描かれている、眠れる姫と王子の運命のロマンス物語も、もともとは、幼い少女にファンタジーの世界を通じて、女性になっていくことの血の流れる痛みや、母なるものの暗い側面を教え、こころの準備をさせるためのものでした。人生には、明るいことと同じだけ、理不尽な暗いことが存在します。ファンタジーは、美しい夢と希望を紡ぐだけではなく、厳しい現実や傷つきをこころのなかで経験し、それを克服していく力を養うという役割をもっているのです。

ですから、子どもが事故や災難の場面をごっこ遊びのなかで展開するからといって、すぐさま止める必要はありません。もう少し大きくなれば、複数の子どもで事故ごっこ、死体ごっこ、強盗ごっこなど、それはさまざまな遊びをするものです。もちろん、推奨する必要はありませんが、子どものなかから湧いてきたファンタジーであれば、何かその子にとっての意味があるはずです。特定の誰かをいじめたり傷つけたりするものでなければ、自然に満足して次の遊びに向かうのを見守ってあげればよいのではないでしょうか。

ご質問くださったママの場合も、娘さんにとって、事故のごっこ遊びは、結末のわかった怪談をせがむときのように、「こわいぞ、こわいぞ、キャーこわかった！」というスリルを楽しむ以上の意味はないかもしれません。交通ルールや安全の教育は「現実」の次元ですべきことであり、ファンタジーの世界にそのままもち込まないほうが賢明です。特に、脅しは用いないほうがいいですね。

娘さんの場合、楽しいごっこ遊びがほとんどのようなので、基本的に心配は要りません。もしも、ママとの間で、娘さんが同じような「子どもを轢く」ごっこ遊びを始めたときには、その遊びの世界のなかで、上手に娘さんと付き合ってあげてください。子どもが轢かれたら、「きゃあ、たいへん」と救急車を呼び（もちろん〝ごっこ〟で）、手当てをし、「ああ、よかった」と母親として湧き起こる気持ちを表現し、それが娘さんにどのようなファンタジーを呼び起こしていくか、よく観察してみてください。こういった相互作用が生き生きとはたらくとき、ファンタジーは子どものこころを大きく成長させるのだと私は思います。

Q27 子どもへのお小遣いをめぐって、夫婦で思案しています（30代女性）

四歳の息子のことで相談があります。夫の両親や姉は息子がとても可愛いようで、以前からうちに来るたびに息子に直接現金でお小遣いを渡します。そんなに高額ではないし、小銭まで取り上げるのも気が引けて、そのまま貯金箱に入れさせています。必要なものは買い与えているし、本人もそんなにお金には執着していなかったので、これまでは問題になりませんでした。

ところが先日、近所にできたばかりの大きなホームセンターに行ったときに、主人が、ガチャポン（一回三〇〇円くらいのものです）を息子にさせてやったところ大喜びして帰ってきました。そこのホームセンターは休憩ベンチのそばにたくさんのガチャポンが並んでおり、主人もアニメ世代ですから、懐かしいアニメのキャラクターを揃えて息子と一緒に楽しんでいるようです。私も最初は、ほほえましく見ていたのですが、だんだんそれがエスカレートしてきました。いくら安いものでも次から次へと買い与えることは、私には抵抗があります。しかも息子は〝出てくる瞬間〟が楽しいだけで、中味を開けてしまえばそこらへんにほったらかしてしまいます。主人に、お金の無駄遣いだから、二度と息子とガチャポンをしないよう注意しました。主人もわかってくれたのですが、息子は休日のたびにホームセンターでガチャポンをしたいと駄々をこねます。

この前とうとう息子が、「ぼくのお金でするんだったらいいよね。おばあちゃんもおばちゃんもぼくの好きなものを買いなさいって言ってたもん」と貯金箱を持ち出してきました。「(コインを)何個もっていったら買える?」としつこく言うので、「知りません! 勝手にしなさい」とそのときは言ったものの、困ってしまいました。これから、欲しいものはほかにも出てくるはずです。

主人と相談して、「貯金」は勝手に使えないことにして言い聞かせ、代わりに何かお手伝いをさせて、それができたら決まった額のお小遣いを与え、そこから欲しいものを買わせるのはどうかということになりました。でも、この年齢でその方法が適当かどうか、思案しています。どう対処すればいいでしょうか。

A27 お金は魔法の杖と同じ危険物

自分たちの親や親戚がわが子にくれるお年玉やお小遣いの現金。皆さんはどう管理していますか。有無を言わせず取り上げて管理する。少額なら自由に使わせる。貯金させる。いろいろな方がいらっしゃると思います。「せっかく孫にやったのに、嫁が勝手に取り上げてしまう。いったい何に使っているのかわからない」と嘆くおばあさんのお話を伺ったこともありますから、その手前、管理方法や使途には、気を使う場合もあるかもしれません。しかし、「勝手にしなさい！」の前言は、早めに撤回されたほうがいいでしょう。

仮に、もし息子さんがもらったのがナイフや家伝の刀だったらどうしますか？　さらに仮想の話で、願い事の叶う魔法の杖だったら？　いくら小さなものでも、「勝手にしなさい」とは言わないですよね。お金は、それによって欲しいものを手に入れたり、人を支配したり、また誰かを破滅させたりもできる、「力」をもつ道具です。幼い子どもにとっては、魔法の杖と同じようなもの。また、豊かな時代になって私たちは日頃忘れがちですが、お金は、ナイフや核（原子力）にも似て、使いようによって、人を幸福にもするし、不幸にもできる危険物なのです。

多くの児童文学やファンタジー作品にも、自分のもてる力を超えた道具を使い、災いを呼び出してしまった主人公が描かれています。たとえば、『ゲド戦記I』（ル・グィン作、岩波少年文庫）での、魔法使い見習いゲドのように。また『指輪物語』（トールキン作、評論社）では、自分たちの力を超えた破壊力をもつ指輪を封じるために、ホビット族のフロドは苦難の旅に出たのでした。

ちょっとたとえが大きくなりましたが、私が言いたいのは、お金も、やはりそれを正しく使える〝主体〟がちゃんと育つまでは、自由に使わせるべきではないということです。額の多少の問題ではなく、たとえ一円玉であろうと、堂々と親が管理してよいのではないでしょうか。いつごろ、どんな方法でお小遣いを渡すのが適切かは、一般的には子どもの〝計算能力〟と〝時間の観念〟の発達に応じて決まると思います。一ケタの足し算、引き算しかできない子に何百円単位のお金は扱えないし、〝三ヵ月先、六ヵ月先〟を実感としてイメージできない子に、お小遣いがたまっていく楽しみを味わえというのも無理です。そうすると、だいたい小学校二～三年以降が〝適齢期〟ということになりそうですね。

でも、お小遣い問題の本当の難しさは、一般論では片づかないところにもあるのです。

以前、私の娘が通う学童保育所（保護者が運営する地域方式）で、こんなエピソードがありました。年に一度のバザーで子どもたちが出店した手作りのゲームコーナーが収益を上げたので、ご褒美として利益を子どもたちに配分し、社会教育の一環としてスーパーマーケットで買い物をさせようと、指導員が企画したのです。そこで一年生から五年生までの子どもたちはそれぞれ、喜々としてお小遣いの五百円玉を握りしめ、「好きな物」を限られた金額内でいかに効率よくゲットするかに挑戦しました。もちろん、上級生が下級生を手助けしながら。

しかしながら、この試みは（私はなかなか面白いと思ったのですけれども）、後の保護者会でものすごい議論を巻き起こしました。「わが家では許していない物を買ってきた」「お金があるからといって、必要でもない物を買わせるなんて」「〝好きな物を自由に買ってよい〟などという教育を勝手にされては困る！」と、反対意見を唱える保護者たちは真剣そのもので、お小遣い問題の奥の深さを実感させられたのでした。結局、子どもの「お小遣い問題」とは、〝お金を介して〟それぞれの家庭の価値観（何が必要で何が不要か）を子どもに伝えることであり、また〝お金を管理する〟ことで自分の欲求をコントロールし、目標のために我慢することと、欲しい物が買えたときの達成感を覚えさせる、重要な教育の問題なのですね。経済的に豊かになり、魅力的な物が市場にあふれるようになった現代では、親は「お金がないから」と外的な事情であきらめさせるわけにはいきません。「私はこう思うから」という確固とした価値観（内的な基準）でもって、子どもと対峙《たいじ》せざるを得ないのです。

どうぞ、その点をはずさないようにしながら工夫を凝らしてみてください。お手伝いのご褒美にお小遣いをあげることはよいと思いますが、たまったお金を何に使うかでまたもめたり、一回あたりのお小遣いが一〇円として、欲しいおもちゃが一万円もするような（手に入れるまでに一年以上かかりそうですね！）、四歳児に不可能な欲求の抑制を強いることのないように。それよりは、「ダメなものはダメ！」と一喝し、後で抱いて慰めてあげるか、お手伝い一回につきかわいいシールを一枚貼《は》っていって（ポイント制というやつです）、一〇個たまったらガチャポン一個プレゼント、と決めるほうが楽しそうな気がします。

6

男性が父親になるには

人間の子育ては、母親一人ではできません。霊長類学の研究によれば、人間と九八・八％遺伝子配列の同じチンパンジーは、もっぱら母親だけが子育てをする（五年ぐらいかけて一人（一匹）を大事に育て上げ、それから次の子育てにとりかかって一生産み続けるため、「おばあちゃん」という存在もいない）そうです。しかし、ヒトは、子どもを育て上げるために十数年という長い期間をかけるようになったので、一人ずつでは間に合いません。そこで、次々と産んで、父親や、祖父母や、近親者の協力を得て、複数の大人で複数の子を同時に育てるシステムを作り上げたというのです。

そういう意味では、現代の子育ての基本単位は核家族の夫婦です。もちろん、シングルで子育てをする場合もありますし、そのときは一人で母親と父親の両方を担うのか、誰かほかの人に一方の機能を担ってもらうのかという工夫が必要でしょう。しかし、三世代以上の大家族で知恵が伝承できた過去の子育て環境にもう戻れない以上、夫婦が揃っている場合は、二人がパートナーシップを組んで協働していくことが、子育ての必須条件ということになります。

一方、儒教文化を受け継ぐ日本人にとって、夫婦のパートナーシップを築くというほど難しいことはないのも事実です。横の関係より縦の関係が重視される価値観はまだまだ健在ですし、若い夫婦でも、子どもができたとたんに「パパ」「ママ」と呼び合う例はめずらしくありません。それまでは友達のようであった楽しい二人の生活が、子育てという新たな使命を得て協働を求められたとき、必要とされる新たなパートナーシップがうまく結べずに、ストレスフルな毎日が訪れるということは、大なり小なり誰しも経験する試練でしょう。

第3章でも述べたように、女性は子どもが生まれると、わが子との愛着と分離を繰り返しながら母親として成長していきますが、男性は子どもとは最初「他者」であり、いかにその距離を縮めていくかが課題となります。女性が母親になるプロセスと、男性が父親になるプロセスには大きな違いがあり、そのことへの理解の不足がいっそう夫婦の協働を困難にしている気がしてなりません。

たとえば、生まれて間もない子と母親のカップルは、父親にとっては分け入りがたい謎の世界に見えます。その反応の一つとして、自分も子どものように退行して母親（妻）に甘えようとしたり、ことさらに男性性を振りかざし、女性としての妻を求め、子どもから奪還しようとしたりするということがあります。それが思い通りにいかないと、不幸にして妻子への暴力に至る父親もいます。また別の反応として、自分もよりよい親になろうと張り切り、かいがいしくわが子の世話をしたり、子育ての勉強をして妻にもアドバイスをしようとすることがあります。

前者の反応は論外として、後者の反応も、一見よいことのようにみえるのですが、ときに「第二の母」になってしまい、自信なく必死に子育てしてる母親を余計に追い詰めているという場合があります。仕事以外の限られた時間だけ子どもとかかわり、楽しみ、また子どもも父親のほうになついたりすると、母親は自信を失って傷つき、「いいとこ取りをされた」と感じて、夫に怒りをぶつけます。そのからくりがわからない夫は、理屈で妻を説得しようとし、ますます溝が深まってしまうというわけです。

このように、現代の子育てにおいて「父親の役割」は大事であるにもかかわらず、それが本当は何を指すのか、誰もはっきり教えてくれないのが現状です。しかし、子育てを通して男性が父親として成長していくチャンスは、是非放棄しないでほしいと思うのです。そのために、本章では父親になった男性が気づいていく必要のあること、母親が理解しておきたいことは何かを考えてみます。

Q28 出産後、妻の様子が変わってしまいました（20代男性）

今年、第一子が産まれた父親です。子どもの方は九ヵ月目に入り、順調に育っているのですが、産後妻との関係がうまくいきません。

最近は仕事から帰るといつもとげとげしい様子で、正直どうしてよいか悩んでいます。妻の性格が豹変したといってもよいかもしれません。原因を考えてみましたがこれという思い当たることがありません。ちょうど出産時期に私の仕事が急に忙しくなって長期出張も多かったので、そのことが妻を不安にさせたことはあったかもしれません。ちょうど仕事と重なり、出産に立ち会えなかったことも恨みに思っているのかもしれません。でも、大きなプロジェクトで私は責任者でしたし、二人で話し合って里帰り出産を決め、両方の親に妻へのサポートも十分お願いしてありました。そのことは妻も納得していたはずです。毎日忙しいなか、こまめに妻へ連絡はしましたし、妻や新しく生まれてくる子どものために一生懸命働いていたのです。妻の妊娠を機にタバコもやめ、一緒に育児書を読んだりもしました。

産後三ヵ月で再び一緒に生活するようになってからは、休日には私が家事もこなしますし、子育ても手伝っています。できるだけ妻の体を気遣っているつもりです。相変わらず出張もありますが、それでも他の男性と比べると協力的なほうだと思います。なのに、妻は、口も聞いてくれないときがあるかと思うと、以前は気にしなかったような私の食事のときの癖に難癖ともいえる言いがかりをつけてきたりします。何とか話し合おうとすると、「あなたの偽善者面にはうんざり」とか「あなたは頭がいいけど、どうせ私は馬鹿よ」などと物を投げつけてきたり、「あー、子どもなんか産まなきゃよかった！」とまで言います。育児の疲れやホルモンのバランスが崩れてしまったのかとも考えましたが、よくわかりません。出産前の楽しかった妻との生活を取り戻したいのですが、私はどうすればよいのでしょうか。

A28 新しい夫婦関係に向かってお互いが変わっていくとき

今回は、夫の立場からのご質問です。どうしても女性の立場からの答えになるかもしれませんが、そこはご了承くださいね。

まず、〝出産前の楽しい生活に戻る〟ことはもうあり得ない、という前提に立ってください。ご夫婦二人の生活に、赤ちゃんがやって来て、三人の新しい家族が誕生したのです。妻は、妊娠・出産の苦しみを経て、女性から「母」という新しい存在になりました。ホルモンバランスだけでなく、こころもからだも生活も、すべてが変わったのです。男性にとっては、それはショックな出来事かもしれません。しかし、ショックから目をそらすのではなく、妻の変容を受け止め、夫も「父」になろうと努力するプロセスを経て、親になった新しい夫婦として、信頼関係を築いていってほしいと願います。

女性が母親になるより、男性が父親になるのは、意識的な努力に頼らねばならないという点で、ずっと難しい課題です。戦後六〇年余り、私たちの社会は、男性を父にするための教育なんてきれいに忘れ去り、企業戦士を育てることにもっぱらエネルギーを注いできたのですから。

妻の〝変容〟の時期に、三ヵ月も離れて生活していたのは、確かにご夫婦の関係にとって痛手だったでしょう。夫のほうが、親になるイニシエーション（通過儀礼）の場に参加できず、取り残されてしまったのです。でも、過ぎたことを言っても益はありません。遅ればせながら、自分自身で儀式を行うしかない。今、悩み戸惑っていらっしゃる過程こそが、その大切なイニシエーションなのだろうと思います。

改めて、想像してみてください。実家から戻ってきて、〇歳の赤ちゃんを独りで抱えた母親にとって、たとえどんなに社会的意義の高い仕事であろうと、長時間夫が不在であるという状況は耐え難く、こころの余裕を失わせるものではないでしょうか。こころの余裕がないときは、お箸の上げ下げ、洗濯物のたたみ方、新聞をめくる音のような小さなことでも気になり、許しがたい怒りを掻き立てるものなのです。

ご夫婦でいろいろ話し合って解決しようとしておられるようですが、理屈や合理的な考えでは割り切れない部分が抜け落ちているということはないですか？　ご質問くださった方は、おそらく一般の男性よりもずっと現実の家事育児に協力的な方だろうと思いますが、妻の怒りは、もっと深いところに向けられているような気がします。「夫は変わらず正しい立場にいて、私のいわく言い難い思いは伝わらない」……。

育児書もよいですが、時間があれば、子育て中の母親が書いているブログや、女性の子育て体験記などを見つけて読んでみてください。妻とのすれ違いがどこにあるか、どうすればその溝に橋を架けられるのか、見えてくることがあるかもしれません。子育て中の核家族にとって、いちばん大切で必要なことは何か。ご自身ならではの答えを見いだせるよう期待しています。

Q29 もうすぐ二歳の女の子の父です。しつけをしたいのに、祖母が甘やかします

（30代男性）

もうすぐ二歳になる女の子の父親です。娘のしつけのことでご相談があります。

僕は、筋の通らないことは嫌いで、女の子でも甘やかさないで育てたいと思っています。最近、私と妻と娘、それから同居しているおばあちゃん（妻の母）の四人でデパートに買い物にいったときの話です。娘がアイスクリーム売り場のところで「アイス、ほしい」と言い出しました。これからお昼ご飯を食べにいくから駄目だと言ったのですが、とにかくほしいと泣きわめき、動こうとしないのです。買い物をすませていなかったのでお昼をとるまでに時間がかかるし、すでに一二時をまわっていたのでお腹がすいたのだろうということで、しぶしぶ買うことにしました。ところが、ピンクの（イチゴ）がいいというのでそれを買い、妻が全部は多いからといって半分カップに取り分けてあげたところ、怒ってさらに泣きわめきます。あまり泣くので、取った半分をもどしてあげようとしましたが、娘は「いやー！」

と暴れて手で振り払い、床に全部落としてしまいました。

僕は、食べ物を粗末にするのは好きではありません。娘の手をつかんで、どうしてパパやママが怒っているのかを本気で説明しようとしました。最近、わがままを言うことが増えている気がしていたので、ここは絶対譲ってはいけない場面だと思ったのです。それでも娘は、泣きわめきながら鼻水をたらし、妻の手をひっぱってもう一度アイスクリーム売り場に連れて行こうとします。

そうしているうちに、おばあちゃんが、人目も気になったのか新しいバニラアイスを買ってきてしまいました。それでも娘は「ピンクがいいの！」と泣き続けるので、僕は「いいかげんにしろ！」と怒鳴ってしまいました。おばあちゃんは、「よしよし、○○ちゃんは悪くないよね。おばあちゃんが間違えたから駄目なんだよね」と娘を甘やかすようなことを言い出します。おばあちゃんは、娘が泣くのを見るのが嫌で、日頃から僕がきつく叱りすぎると思っているようです。先日も、「パパが恐いから、ここでね」と、こっそり娘に台所でおやつをあげているのを廊下で聞いてしまいました。親は子どもの成長に責任がありますから、甘やかしてばかりではいられません。悪いことは悪いとわからせたいし、ときには軽く叩くぐらいはあってよいと思っています。

おばあちゃんのようにすぐ横から出てこられると、娘のためにもよくありません。妻は、おばあちゃんにはあまり強く言えず、そういうときは黙ってしまいます。このままでは、家族のあいだが険悪になりそうで悩んでいます。どうしていったらよいでしょうか。

A29 〝恐るべき二歳児〟をどうしつけるか

パパ業と婿業に励んでおられる若きお父さんに、まずはエールを送りたいと思います。

英語圏の国には「terrible two（恐るべき二歳児）」という言葉があるのをご存知ですか?

二語文が使え、やっと会話らしきものができるようになってきた、と思うのもつかの間、自我の芽生えとともに、何でもイヤイヤ、靴を履けと言えば投げ散らかす、といった具合に小悪魔に変貌《へんぼう》する二歳前後の子どものことを、こう呼ぶんですね。運動能力も、一歳児と比べれば格段に伸びているけれどもコントロールは不十分で、一瞬でも目を離すと何をしでかすかわかりません。まだまだ〝今、このとき〟を全力で生きていて、理屈でいくら理解させようとしても、その瞬間の好奇心や欲求にころりと負け、何度も同じことを繰り返してしまいます。

古今東西、二歳児をどうしつけるかは、子育てにおける難問の一つです。試しに、terrible two のキーワードでネット検索してみてください。いろんな親子の苦闘と言い聞かせ方のヒントが見つかると思います。

ところで、ご質問くださったパパの場合は、その terrible two である娘さんと「四つに組んでいる」時に、横からおばあちゃんが子どもをさらっていってしまうことにも問題を感じていらっしゃるのですね。

たしかに、「父親は厳しく」「父親の見えないところで祖母は甘く」という二重ルールのしつけがエスカレートしていくと、後で親は高いツケを払わされることになります。同じ言動が、ある時は黙認され、別の時には叱られるという経験を繰り返していると、子どもは自分のなかに筋の通った判断のものさしを作れず、大きくなってからも行動に自信がもてません。しかし難しいのは、パパが「厳しく」しようとすればするほど、おばあちゃんは「甘く」両極のバランスを取ろうとしてしまう可能性が高いという点です。

ここはやはり、なるべく話し合って、家庭のしつけのルールを一つに決め、みんながそれを尊重することが大事ではないでしょうか。叩くのも、「軽く」ならよいというものではありません。叩いたあと、ほかの大人が「痛かったでしょう？　でもそれはパパがあなたのことを思ってしたことなのよ」と慰めてくれるのと、「かわいそうに。パパはなんてひどいことをするんでしょう」と同情するのとでは、子どもへの影響が全く違ってくるはずです。

そして、いつも「本気」では疲れ果てますよね？　ときには本気が意地の領域に達していて、親も子も「意地」で叱り続け、泣き続けていませんか？　うそをつく、弱い者をいじめる、など本気を発揮して叱るべき場面は別として、本気を〝引き揚げる〟タイミングをつかむことも必要かもしれません。

蛇足ながら付け加えておくと、アメリカでは、〝terrible two, horrible three, wonderful four〟という言い回しがあるそうです。恐るべき二歳児、ぞっとする三歳児、そして素敵な四歳児。二歳児に輪をかけて、三歳児の反抗はさらにやっかいだけれども、四歳になれば自然におさまって来ますよという明快な表現です。しつけは、子どもが成長していく時間の流れという、年単位の大きな視点からも考えてみていただけたらと思います。

Q30 家事・育児を手伝わない夫との生活に疲れ、離婚を考えています（30代女性）

夫のことで相談します。夫は仕事で残業が多いらしく、疲れて深夜に帰ってきます。それは仕方がないとしても、休日も遅くに起きて、自分の好きなパチンコにふらっと出かけてしまい、二歳の息子と遊ぼうともしません。私もフルタイムではありませんが仕事を続けています。平日は朝六時に起きて、子どもを保育所に送ってから仕事にでかけます。仕事が終われば、子どもを迎えにいって、お腹がすいてぐずる子どもをなだめながら買い物をし、帰って夕飯の用意をして、食べて、後片付けして、子どもをお風呂に入れ、寝かしつけたころにはくたくたになっています。一緒にお風呂で寝そうになったこともあります。

夫は私よりも仕事が大変なので、いたわってあげなくてはと頭では思うのですが、たまに早く帰ってきても「ごはんはまだか」と不機嫌そうに座るだけで、茶碗の片付けさえしません。たまに我慢しきれなくなって、「洗い物ぐらいしてよ」と言うと、「家に帰ってまで働かせるのか！」と怒鳴ります。夫は母子家庭の一人息子として育ち、必要以上に甘やかされたのかもしれません。義理の母も、夫が何もしないことを当たり前と思っているようです。夫は父親がどういうものか、わかっていないのかもしれません。せめて、休日ぐらい家族団らんを期待するのですが、週末が来るたびに失望し、悲しい気持ちになります。

夫の性格はとりたてて悪いところがあるというわけではなく、普通です。大好きで結婚したはずなのですが、最近は家事・育児を何もしない夫へのイライラが募ってきました。お前も大変だね、とせめて一言いってくれればいいのにそんな優しい言葉もありません。夫が仕事で疲れているせいか、私たちは子どもが生まれてからは全くのセックスレスです。夫へのイライラや日常生活の疲れが蓄積して、最近は子どもにも八つ当たりしてしまいます。この前、朝の余裕のない時間に「出張に着ていくワイシャツがクリーニングできてない」と文句を言うので、とうとう私もキレて、子どもの前で大喧嘩してしまいました。息子のためには、こんな両親のもとで育てるよりも離婚したほうがいいのではと思い始めています。夫との関係を、どう考えればよいでしょうか。

A30 父親モデルのない時代の、父親育てとは

同様の悩みを抱えている若いお母さんは、本当にたくさんいらっしゃるのではないかと思います。核家族では、夫の協力があってさえ子育ては難しいものなのに、夫は仕事で深夜まで帰らず、休日も疲れて子どもの世話どころではない。実母や義母に頼るのも限界があり、「私は授乳があるからたまには掃除ぐらいしてよ」と頼むと、「おっぱいあげてるのがそんなに偉いのか！」と逆ギレされたという人もいます。支え合うはずのパートナーから、このように傷つく言葉を吐かれたり、あるいは無視されたり

することは、女性にとって「子育て」という仕事自体の意味を見失う大きなきっかけになるのではないでしょうか。

世のなかでは、少子化が問題となり、児童手当の増額、保育所の保育時間の延長など、少子化対策の名の下にさまざまな行政の施策が立てられていますが、実は、少子化の本当の要因は、お金や預け先の問題ではないことを、寄せられる多くの女性の声が物語っていると私には思えます。

ご質問くださった方のご夫君は母子家庭に育ち、「父親がどういうものか、わかっていないのかもしれません」と書かれています。しかし、今の時代、両親そろっていても〝実質母子家庭〟で育った男性が大半です。〝企業戦士〟のモデルは皆もっていても、生き生きと家族のなかで立ち振る舞う〝父親〟モデルをもてている幸運な男性は、そういないと思って間違いないでしょう。

「男子ひとたび家を出れば、七人の敵あり」なんていう（自分がいかに大変な思いをして外で働いているか、と言いたいときの）お決まりの言い訳がありますが、そんなに外の仕事が大変なら、もっと早く家に帰ってくるはずですよね。単純に考えればわかります。家のもろもろの仕事（家事、育児、夫婦のコミュニケーション）のほうが大変だから、ことさらに外の仕事にのめり込もうとするのです。

教育を終えた後、女性もとりあえずは社会に出て仕事をするのが一般的になった二〇～三〇年前から、多くの女性がこの〝からくり〟に気づくようになりました。ひとたび家を出れば、敵もいるが、友もでき、社会的達成も味わえます。「なんで私（女性）だけが、こんなに大変な仕事（子育て）を背負わされなければならないの？」「どうして夫は、家事・育児にもっと協力しないの？」と不服申し立てをするのは当然の成り行きといえるでしょう。

それに対して男性がうまく応えられないでいることが、少子化に歯止めがかからない隠れた大きな理由の一つだと私は感じています。一人ひとりの夫・父親の立場からすれば、母親同様、毎日が精いっぱいで、それ以上どうしようもないというのが実情かもしれません。現状では、男性は「苛酷《かこく》な労働と、良き夫・父親であることを両立させるスーパーマン」を期待され、よほどのバランス感覚がなければうまくやっていくことは難しいでしょうから。

本当は、社会をリードする立場にある男性たちが、「いのちをはぐくみ」「子どもを守る」仕事の重要性をもっと真剣に認め、父親業や奉仕的活動を立派にこなすことを〝まともに評価する〟しくみをつくり出せば、男性は誇りをもって家に帰るようになるはずなのです。職場での人事考課の指標に、家庭人や地域人としての達成度を入れてごらんなさい。経済的発展のスピードは遅くても、もっと子育てに皆が意味と生きがいを見いだせる社会になるでしょう。

でも、社会は少しずつしか変わりませんし、待っているだけでは間に合いませんね。私がご質問くださった方にとりあえず言えるのは、「容量を超えて要求されても、誰も応えられない」ということです。責められたと感じると、ご夫君はよけいにかたくなになってしまいます。むしろ、近い年齢の子どもがいる友人家族など他の大人を引き込んで、集まったり出かけたりする機会を増やし、子どもと一緒なら、こんなに楽しい、新しい経験ができるよ、というモデルをご夫君に見せてあげてはどうでしょう。息子さんも、次第に運動能力が伸び、お話も達者にできるようになり、父親と共有できる経験がこれから増えていきます。あきらめるのは最後でいい。少しずつ、いのちの成長に間近にかかわる面白さを、パートナーがわかってくださるよう祈ります。

Q31 私の子育てに細かく注文をつける夫に、うんざりです（30代女性）

私の夫は、息子の育児にあれこれ口をだしてきます。とくに、離乳食が始まった半年ごろから、細かい注文をつけてくるようになりました。子どもが生まれるまで家のことは何もしなかった夫が、家事育児を手伝うようになり、最初は協力してくれようとしているのだと嬉しく思っていたのですが、それがだんだん小姑のようになってきました。夫は凝り性で、なんでも自分のやり方を通さなくては気がすまないほうです。育児書もよく読んでいて、私の育児のやりかたを非難してきます。お前のようにだらしない女に育てられたら子どもがかわいそうだとか、そんな格好をさせていたら風邪をひくとか、哺乳瓶の洗い方がなってないとか、もううんざりです。あまり言われると、だんだん不安になり、自信もなくなってきます。たしかに私は大雑把なところはありますが、一生懸命育児に専念していますし、他のお母さんとくらべて手を抜いているとは思えません。

二四時間子どもといる私が、夫の言うような理想を全部実行できるわけはないと反論したら、「お前は、俺の子をだめにするつもりか！」と怒鳴られました。夫が家にいると、気分がふさいで仕方ありません。話しても、何かが噛み合わないままです。二人目が欲しいと思っているのですが、こんな状態では不安です。どうしたらいいでしょうか。

A31 夫婦で子育てに取り組むとき、気をつけたいこと

独りでの子育ても大変ですが、自分の流儀を押し通そうとするパートナーとの子育ても難しいものですね。キンダーカウンセラー（幼稚園に派遣されている臨床心理士）の先生から以前伺ったお話を思い出しました。

最近は、園児が誰かにけがをさせたり、させられたりというアクシデントがあると、させられたほうの保護者が、園の先生方を経由せずに直接相手の保護者を探し出してクレームをつけ、場合によっては父親同士の険悪なケンカにまで発展してしまうことがまれでないそうです。私も同じ印象をもっていますが、核家族で子どもの数が少ない現代は、親子の心理的な距離が非常に近く、母親だけでなく父親も、わが子と一心同体のようになりやすい条件がそろっています。たとえば、わが子が顔に噛み痕《あと》を付けられた、無視された、といった出来事が起こると、まるで自分自身が貶《おとし》められ、ないがしろにされたかのように傷ついてしまう。子どもはその出来事をどう受け止めているか、子どもにとってどうするのがいちばん成長を助けるか、といった客観的な視点は吹き飛んでしまい、自分の名誉を回復することに必死になるのです。

ご質問くださった方の夫も、子煩悩な父親というよりは、わが子と一心同体になってしまうタイプの男性のようです。同性の子どもに親は自分を重ねやすい、という要因もあるでしょう。「お前は、俺の

子を駄目にする」とご夫君が言うとき、ご夫君は自分自身が否定されているという怒りと、もっと自分が理想的な世話をされたいという欲求を強く感じているのではないでしょうか。

女性は子育てを通して、自分の子ども時代をもう一度生き直すこころの作業をします。特に第一子や、一人っ子の場合は、一人の子どもに自分を重ねすぎて距離が取れなくなりがちですが、ここで言えるのは、男性も、もし子育てに取り組めば同様の問題が起きてくるということです。

夫婦で子育てをするときには、現実の子育てと並行して、お互いの〝内なる子ども〟と付き合うという、見えない作業が加わることに気をつけておかねばなりません。子育てが始まると、大人のカップルとしての生活からは予想もつかなかった、依存や嫉妬《しっと》や貪欲《どんよく》や神経質さが表れ、夫婦が噛み合わなくなることは、しばしば見られる現象です。子ども時代にあまりかまってもらえなかった傷つきを抱えて大人になった夫が、かいがいしく息子の世話をする妻に対し、「そこまでするのはおかしい」と、やり方に逐一文句をつける例もあります。いずれにしても、夫婦のどちらが正しいかを議論しても、解決しないことはわかるでしょう。文句をつけ、無理難題を主張しているのは、分別ある大人ではなく、わが子に重ねられた〝内なる子ども〟の部分なのですから。

ところで、二人目のお子さんができることは、よい変化をもたらすきっかけとして期待できますね。物理的に忙しくなり、そうそう理想は求めていられないですし、二人目が女の子だったり、第一子とは対照的な子どもだったりすれば、ご夫君と子どもとの距離も、もう少し程よいものになるでしょう。まずは、子どものこころに負担をかけないことを目標に置いて、言い争いはやめようとご夫婦で確認し合うところから始めていただけたらと願っています。

Q32 すぐキレる夫に、子どもの前で殴られました（20代女性）

主人の暴力についてご相談します。主人は、普段は真面目でやさしいのですが、頭に血がのぼりやすい性格です。気にいらないことがあると、キレて家のものを壊したり蹴飛ばしたりします。そんなときは何を言ってもだめで、言おうものならますます怒り出すので、収まるまで待つしかありません。結婚後、何度か殴られたことがあります。「悪いことをしたら、嫁だろうと子どもだろうと手を上げて当然」と言っていたこともあります。

子どもが生まれてからは、主人も少し穏やかになり、一度も暴力はなかったので安心していました。ところが、つい先日、健康診断で肝臓の数値が悪いとひっかかったのに、居間でいつものようにお酒を飲んでいるので、心配して「やめといたら？」と言いましたが無視します。そこで、何度か「飲まんほうがいいよ」と注意したところ、「うるさい、馬鹿野郎」と三歳の息子のいる前でいきなり胸倉をつかまれ、殴られました。びっくりした息子は、「パパなんて大嫌い。ママをいじめるな」と泣きながら私に抱きつき、私も大声で泣いてしまいました。翌日、私の顔が腫れているのを見て、主人はあやまってきました。私も、主人が気持ちよく飲んでいるところに、一度言えばいいところを何度もしつこく言ってしまったのが、いけなかったのだと思います。大したことではないし、私も悪かったのですが、子どもの前で暴力を振るわれたことがショックです。主人は、そのことは全く気にしていないようです。これから先、またこんなことがあったらと思うと怖くてたまりません。

もともと私の両親は主人との結婚に反対でしたので、相談しにくいのですが、子どもへの影響のこともあるので、この際、思い切って話したほうがよいでしょうか。

A32 暴力から、子どもに無力感を学ばせないように

たった一回であろうと、暴力は「大したこと」です。「悪いことをしたら、嫁だろうと手を上げて当然」とはなんという暴言でしょう！　自分より弱い者は、蹴ったり叩いたりして従わせるのが当然と思っておられるのでしょうか。こういったことへの対処は、最初が肝心です。妻として、母親として、「絶対認めない」という姿勢をはっきり示すことが必要です。

子どもは、自分を守ってくれる〝絶対の存在〟であるはずの母親が、父親の暴力にさらされて無力な存在と化すのを目撃すると、大きな影響を被ります。父親を憎み、母親を守ろうと立ち向かっていって自分も暴力を振るわれたり、母親を救えない無力感を募らせます。三歳の子どもにとって、〝絶対〟が崩れる経験は、生きていくうえでの安心感を根底から覆されるに等しいことなのです。

男の子の場合、やがて父親に同一視し、「弱い者には暴力を振るってよいのだ」という価値観を刷り込まれて、次世代に同じ問題を繰り返す可能性もあります。ご夫君が、暴力を子どもに見せてしまった

ことを気にしていないとすれば、どこかで「息子と自分は男同士」という甘えを抱いていらっしゃるのかもしれません。暴力は、小さく見積もらないでください。たとえあやまられても、それはご夫君が自分の立場を守るためであり、妻や子を大切にしている証拠ではないことを意識しておいてください。両親に相談し、年長者から諭してもらうやり方は、一時的には効果があるかもしれませんが、結局は、プライドを傷つけられた怒りが再び妻や子に向かうでしょう。それよりは、まずお子さんのいない場所で、夫婦お二人が対等に話し合うことが必要だと思います。

　冷静なときに話し合い、子どもの前であろうとなかろうと、二度と暴力を振るえば一つ屋根の下には住まないくらいの決意を伝えてください。お子さんが生まれてから三年間は手を上げなかったということですから、衝動を抑える努力のできる方ではあると思うのです。もし、二人きりで話していて、ご夫君が激昂《げきこう》するようなら、中断して日を改め、共通の友人などに立ち合っていただいてもよいでしょう。

「大けがをしたわけではないし」「夫もあやまっているし」と、暴力を受けた傷つきにあいまいなふたをして耐えていると、日常の生活のなかで、ふとしたはずみに怒りが漏れ出し、ご夫君を刺激して暴力を引き起こす悪循環が生まれます。ありがちなのは、無意識のうちに相手に針を刺すような刺激をして（夫の一番触れられたくない部分を傷つけ）、暴力がくりかえされるというパターンができてしまうことです。そのような日々の場面の反復は、お子さんに「母親を助けられない自分」の無力さを植え付けることになりかねません。

　どうぞ、子どもに無力感を学ばせないよう、勇気を出してご自身の尊厳を守ってください。「これは大したことじゃない。私さえ我慢すれば……」という考えが浮かんだら、それこそが夫婦間暴力の構造に組み込まれているしるしです。

7

子育てのさまざまな価値観を見直す

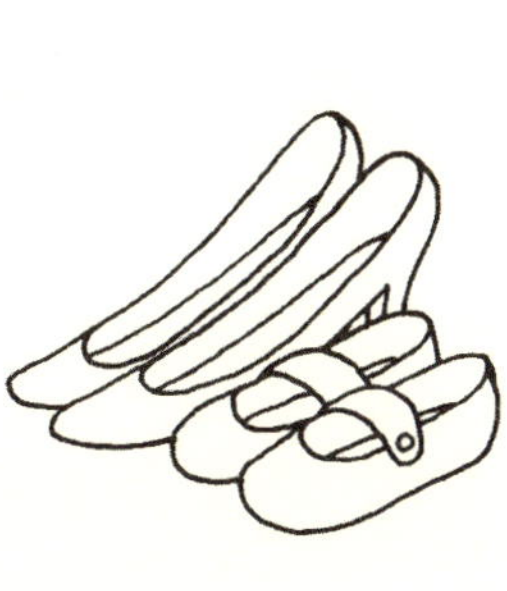

私たちは知らず知らずのうちに、国や時代の文化がもつ価値観を刷り込まれ、良くも悪くもその影響を受けて生きています。子育てにおいてもそれは同様で、息苦しくなったとき、疑問を感じたとき、自分がどんな価値観に捕らわれているのかを距離を置いて眺め、相対化してみることは、より自由で自分らしい子育てを主体的に創造していく手がかりとなるでしょう。

なかでも、一番劇的な効果があるのは、異文化の子育てを学ぶことです。イスラエルのキブツ（乳児期からの集団育児）、インドネシアやモンゴルのスウォドリング（乳児を布でぐるぐる巻きにしてこけしのようにする育児法）のような遠い異文化の子育てばかりでなく、日本が取り入れたはずの欧米の子育てのなかにも、知れば目からウロコが落ちるような気持ちになる、さまざまな想定外の方法や考え方を見つけることができます。たとえば子どもが風邪を引いて熱を出したとき、日本ならふとんでくるんで汗をかかせ、体温を下げようとしますが、アメリカなら窓を開けて冷気を入れ、冷たいタオルでからだを巻いて直接冷やそうとします。それぞれのやり方は、その国の気候風土や習慣と結びついて伝承されてきたものであり、その意味でとても合理性をもっているのです。

ぐるぐる巻きでも裸でも赤ちゃんは育つし、温めても冷やしても熱は下がると知っておくことは、子育てにこころのゆとりをもたらします。「これしかない」と思い込むのではなく、「あれもＯＫ、これもＯＫ。だったらこれも大丈夫」と思えるのとでは、大違いです。異文化は、日本のなかにもここかしこにあります。都会の子育て、離島や山村部の子育て、サラリーマン家族の子育て、自営や農家の子育て、等々。現代医学や心理学に基づいた育児の教科書だけをバイブルにするより、ずっと自分の子育ての世界が広がります。

次に意識してみる必要があるのは世代による価値観の違いです。わが国の子育ては、江戸時代の長屋の子育て（「川の字」文化）に一つのモデルをもっていますが、戦後急激にアメリカの育児の価値観と方法が輸入され、自立のための子育てが推奨された後、一転して母子の愛着が重視されるようになりました。たとえば、妊婦全員に自治体から配布される「母子健康手帳」は、育児の国定教科書のようなものですが、そこに書かれる育児の指針も、ここ数十年の間に大きく変わっているのです。何か科学的に新しい知見が発表されると、政府レベルで一斉にそれに合わせた育児が推奨されるという現状は、わが国の子育てを複雑で難しいものにしているように思えます。

最近の祖父母はちょうど「団塊の世代」と呼ばれる人々にあたりますが、この世代が受けた伝統的育児、自分がした自立重視の育児、育った娘がする愛着重視の育児は、それぞれ対照的とも言える価値観に基づいており、容易に相容れない部分があるのです。若い子育て中のお母さんからしばしば聞く、「実の母親に批判されるのが一番つらい」という嘆きは、このような時代の価値観のズレから生まれると知っておくと、傷つきや怒りを少しでも和らげることができるでしょう。

第三に考えてみて欲しいのは、性《ジェンダー》にまつわる価値観です。今の若い世代は、かつてとは違い、「もつなら女の子がいい」と考える人が多数派になってきています。ここ二、三〇年ほどのあいだに、確かにわが国の社会は女性にとって、人生の選択肢が増え、生きやすさを増しました。それに代わって、男性は、近年の中年期の自殺率の高さにも示されるように生きづらい時代となり、母親たちは男の子を育てる難しさを実感しています。私たちが意識的、無意識的に引き継いできた、「女の子はこうあるもの」「男の子はこうあるもの」という価値観は、必ずしも一人ひとりの子どもの生きやすさや幸福とは合致しないのです。本章では、こういったさまざまな角度から、子育てをめぐって自分自身が抱く価値観にどう気づいていけばよいかを考えてみたいと思います。

Q33 フランスでの育児観の違いに、義父母と過ごす休暇が憂うつです（30代女性）

フランス在住のママです。今の主人（フランス人です）とは留学中に知り合い五年前に結婚しました。かわいい娘をさずかり、夫婦揃って子育てを楽しんでいます。義父母も、よい人たちです。

ただ、文化の違いなのでしょうか。育児の考え方があまりにも日本と正反対なので、最近戸惑うことが多くなってきました。たとえば、欧米では早くから別室に子どもを一人で寝かせるということは知っていますが、私は同じベッドで添い寝をしています。ずっと母乳で育てていますが、六ヵ月を過ぎたころから義父母に「まだあげてるの？」と気にされるようになりました。フランスでは母乳育児が盛んではなく、義父母には私がいつまでも娘とべったりなのが問題に思えるようで、早く一人で寝かせるようにと助言してきます。

私には、フランスの育児は、大人の都合にあわせた勝手なやり方にしか見えません。よく夫が、子どもをベビーシッターに預けてコンサートや食事に行こうと言うのですが、私が、娘が泣きやまないので出かけられないと言うと、「ほっておけば泣き止むのに、君は娘にかまいすぎだ。僕らには僕らの生活があるはずだろう」と言います。でも、自分たちの楽しみの時間を取るために、子どもをぽんと寝かせて、ぐずったらすぐにおしゃぶり、離乳食はレトルトというのは、愛情がある子育てとはとても思えません。

夫は、私のやり方もある程度理解してくれるし、話し合えば納得してくれるところもあるのですが、義父母はそうは行きません。普段は離れて住んでいますが、長期休暇に向こうが遊びにきたり、こちらから泊まりにいくときが苦痛です。育児観の違いでたびたび意見が衝突し、そんなときは夫も両親を大事にしている手前、私の味方はしてくれないので、最近では考えるだけで憂うつになってきました。家族のなかで孤立はしたくないのですが、どうすれば国によって子育ては違うということをわかってもらえるでしょうか。

A33 「私たち夫婦」の子育てを認め合える国で

もともと個と自立を重んじる文化をもち、さらに一九六八年の五月革命で、伝統的なカトリック信仰の価値観（中絶・離婚の禁止など）が否定されて以後のフランスは、世界で最もラディカルな国として知られるようになりました。家族形態も、育児の方法も、合理性を追求し、さまざまな実験的試みがなされています。パリ近郊在住のジャーナリスト、浅野素女《もとめ》さんが、もう一〇年以上前に出された『フランス家族事情——男と女と子どもの風景』（岩波新書）のなかにも、ＬＡＴカップル（Living Apart Together：別居、非婚、子ども有り）など、わが国ではまだ挑戦しづらいような新たな子育てのスタイルが紹介されています。

最近は、パリでも添い寝や母乳育児が〝モード（流行）〟になりつつあるそうですが、フランスの母乳哺育率は欧米のなかでも低く、三ヵ月ごろには大半の人がミルク中心になるようです。六ヵ月を過ぎて〝夜中もおっぱい〟というのは、一般的に言って驚きの対象になるわけですね。また、無痛分娩《ぶんべん》や母子別寝室もあたりまえ。泣いても放っておけば疲れて眠るから、一人で寝る習慣を早くつけさせるのがよいという考え方が一般的です。でも、だからといってフランスの子どもが愛情不足で問題児になりやすいかというと、そんな話は聞きません。

育児というのは、ただ子どもを一人前に育てるというだけでなく、その家族の、その地域の、その国の、その民族の文化を、次世代に継承するという意味をもっています。ご質問くださった方の義理のご両親も、フランスで育つ自分たちの孫に、自国の文化をさまざまなやり方で受け継いでほしいと願っておられることでしょう。それは、「育児文化は国や時代によって異なる」と頭で理解することとは別問題です。ここで、「日本ではこれが正しい」と主張すると、異文化摩擦が起きてしまいます。わが国の〝川の字〟文化も、それが正しいとか愛情あふれるやり方だから受け継がれたわけではなく、狭い畳の部屋しかない居住形態から必然的に生まれたものなのです。

では、どうすれば憂うつな休暇を少しでも楽な気持ちで過ごせるでしょうか。私は、やはりご夫婦のコミュニケーションが一番の鍵だと思います。日本ではどうか、フランスではどうか、ではなく、「私たち夫婦はどのようなスタイルで子育てするのか」をしっかり話し合うのです。個と自立を重んじる国だからこそ、「私たち夫婦」の子育ての価値観を、親夫婦との間で認め合える余地は、大いにあるはずです。母を思い、妻を思う、優しいご夫君のようですが、これをきっかけに、親としての主体性を発揮してもらえることを期待します。休暇が始まる前に、ケンカや対決はご夫婦の間ですませておきましょう。具体的にどんなふうに話をもっていけばよいかは、フランス在住の日本人ママが開いているインターネットの掲示板などでも、アドバイスをもらうことができると思います。

少なくとも、息子さんの前で、おばあちゃんとママが険しい表情で沈黙したり言い合ったりすることのないように。フランスの、すてきなバカンスをお過ごしください。

Q34 子どものおもちゃの貸し借りについて、日本の母親のしつけに違和感を覚えます（30代女性）

七歳の娘と三歳の息子がいます。おもちゃの貸し借りをめぐって、他のお母さんの対応に違和感をもっています。私は、帰国子女でアメリカの生活が長かったこともあり、日本人感覚が薄いので、余計ストレスがたまっているのかもしれません。ちなみに夫も日本人ですが、海外駐在の仕事が多く、その関係で上の娘はアメリカで生んで育て、息子が一歳のとき、家族で日本に帰ってきました。

社宅住まいなので、他のお母さんたちと一緒に子どもを遊ばせる機会がけっこうあります。そこで、息子が他の友達と遊んでいるときに、おもちゃを巡ってときどき取り合いが起こるのですが、お母さんたちやその子どもたちを見ていると、おもちゃはシェアするもの、順番に使い、みんなで仲良く貸し借りして使うものという考え方があるようです。アメリカでは、もし自分の子どもが他の子どものおもちゃを欲しがって無理に取ろうものなら、「それはあなたのではなくて、他の子のおもちゃでしょう?」と明言して、返すようにしつけていました。

つい先日、買ってあげたばかりの電車のおもちゃで息子が遊んでいたときのことです。息子とはそんなに仲良くない二歳年上の子どもが、息子の新しいおもちゃを見て「貸して、貸して」と強く言ってきました。しばらく様子をみていると、息子は嫌がっている様子で、首をふりながら「いやだ!」と抵抗しています。他のおもちゃなら息子もそこまで言わないのでしょうが、その子が強引に奪い取ろうとするのでかたくなに離しません。その男の子は、泣きながら自分のお母さんのところに、「貸してくれない」と訴えに行きました。そうしたら驚いたことに、その子のお母さんが「もう一度、貸してちょうだいってお願いにいきなさい」と促しているのです。その感覚が私にはわかりません。何度もその子が来たのですが、息子はおもちゃを貸したがりません。でもしつこく、「順番だよ、ずるいよ」とその子が息子につきまとうのです。まるで息子がいじわるをしているように周りには思われているのではないかと、嫌な気分になりました。

そんなとき、私が息子を叱って「少しくらいお友達に貸してあげなさい」とおもちゃを取り上げるのは、とても抵抗があります。その子のお母さんの無神経さにも腹がたちます。もっと以前には、別のお母さんから「(自分の子に)貸してやってくれる?」と息子に言われたこともあります。二歳や三歳では、シェアリングを言って聞かせても、まだうまくできないのが普通です。そのお母さんは、他の子どもにも自分の子どものおもちゃを貸しているので、当たり前と思っているのかもしれませんが……。私には、子どもを甘やかしているだけのように思えます。

腹を立てるのは、私の心が狭いからでしょうか。私は、どんなふうに考えたらよいですか。

A34 子育ての異文化に学ぶ

〝シェア（share）〟する、というのは欧米の文化でしばしば耳にする、私の好きな言葉の一つです。アパートの部屋を誰かとシェアする、つらい気持ちやうれしい出来事を仲間とシェアする、といったふうに、さまざまな場面で使われます。日本語に訳すと「共有」ですが、日本人的な共同意識とはかなり違って、あくまでもお互いは〝別々の個人〟という前提があって、その上で、神様から与えられた荷物を分け持ちましょう、恵みを分かち合いましょうという意味合いをもっています。

この感覚は、日本人にはなかなか理解しにくいものなのでしょうね。

ご質問くださったママは、日本人ではあってもアメリカの文化になじんでいて、日本の母親たちの子育てに〝異文化〟を感じられたのでしょう。社宅で、似たような背景の家族が集まって生活していると、日本的な面が強調されて感じられるという事情もあるかもしれません。

子どものおもちゃのシェアリングについては、「個」を重んじるアメリカと、その場の「和」を重んじる日本の文化における、子育ての違いが非常によくわかるエピソードだと思います。ちゃんと〝No〟が言える大人に育てるために、幼児期から、アメリカでは親のしつけもこのように違っていると考えると面白いですね。一方、日本では、友達が自分のおもちゃを欲しがったら、多少自分を抑えてでも貸してあげるのが「よい子」です。そうして育てられた子どもは、相手の意図を察して、頼まれるより先に「よかったらどうぞ」と差し出す大人になるというわけです。

「私は違う」と思っている人も、どうですか。来客があったとき、求められもしないのに、とりあえずお茶を入れて勧めたりしていませんか？　欧米式なら、まず相手に要るか要らないか、お茶を飲むなら何と何があって、どれが欲しいか、必ず相手の希望を確認してからキッチンに立つでしょう。日本人は、何が欲しいかと聞かれると、あまり親しくない間柄の場合には、「きっと相手は面倒に違いない」と察し、「いえ、お構いなく」と遠慮しますね（その揚げ句、多少嫌いな種類のお茶が出てきてもおいしそうに飲んだりして……）。

「相手の意図を察し、それに合わせて行動すべし。」また、「自分の意図を相手は察して、受け入れてくれるはず。」このような相互の察し合いを、日本の精神分析家、土居健郎は「甘えの構造」と呼びました。単に、子どもを甘やかすという子育て上の問題を超えて、「甘え」は、日本人の心性に深く根づいた特徴なのです。

さて、息子さんのおもちゃのシェアリングをめぐる社宅のお母さんたちの反応にも、そんな「甘え」が色濃く見え隠れしていますね。よくある光景だと思います。もっと洗練された甘えなら、困惑しているあなたの気持ちを察して、「これは我慢しようね」とわが子に言い聞かせるところでしょうが、残念ながら、若い母親たちは往々にして「わが子がすべて」。貸してくれない相手が、〝悪者〟に思えてしまうことさえありがちです。

異文化の接するところに、葛藤や衝突はつきものです。違和感を覚えるのも当然でしょう。でも、だからといって相手を否定的に考え、拒否するだけでは残念ですね。息子さんが「いや！」と頑張り、その思いを通してあげたほうがよいと感じるときは、「ごめんなさい、うちの子はこのおもちゃが大のお気に入りで、今は誰にも貸したくないみたいなの」と、相手のお母さんに伝えてもよいのでは。そして、息子さんが相手のおもちゃを欲しがったときには、「あなたのじゃないでしょ」ときっぱり対応してみせてください。

お互いの「個」を尊重し、その先に〝シェア〟がある、というアメリカ式の子育てについて、きっと、日本人のお母さんたちも、学ぶことがたくさんあるのではないでしょうか。ぜひ、お互いの良さを伝え合えるような、交流を続けてほしいと思います。

Q35 「三つ子の魂百まで」の本当の意味は何ですか（30代女性）

主人の親と同居しています。いま二歳半の娘がいますが、私は働いていて、日中の子どもの世話は義母が見てくれています。義母のおかげで仕事を辞めずにすんでいるし、夕飯の用意までしてくださるので感謝しているのですが、最近子どもの育て方について義母の考え方に疑問をもつようになってきました。

義母は若いころ幼稚園の先生をしていて、その後四人の子を立派に育て上げたという自信をもっています。主人も、義母の言うことにずっと従ってやってきたようです。一方、私は小さいころに両親が離婚し、あまりちゃんと母親にかかわってもらった記憶がないので、自分の子育てにも自信がもてません。ただ、私のような寂しい思いをさせないように、なるべく娘には優しく、一緒にいるときはたっぷり愛情を注いであげたいと思っています。

義母は厳しくしつけようとして、はたからみていて可愛そうなくらい娘を怒ります。娘のためを思っていてくれるのでしょうが、おもちゃを散らかすな、ソファで飛び跳ねるな、義父母のものを勝手に触るな等、「何度言ったらわかるの！」「悪い手ね！」とこのごろは娘の手の甲を叩くこともあります。以前、一緒にテレビの討論番組を見ていたときにも、「本当に子どものことを思うなら、叩いてでも親がしっかりしつけないと」と体罰容認のようなことを言っていました。

義母は、「三つ子の魂百まで」で、三歳までにしっかりしつけておかないと、あとで子どもが困ると言います。私は、三歳までは娘にしっかり愛情をそそいでやって、ママに愛されているという思いをしっかり伝えてあげることのほうが大事じゃないかと思います。娘はまだ小さいので、義母のやり方だと、怒られて単に怖い思いをするだけではないでしょうか。このままでは私のように、自信のない大人に成長するのではないかと不安で仕方ありません。

それもあって、義母は反対なのですが、この春から娘を保育園に入れようと思っています。少し早いかもしれませんが、家で義母と生活をしているよりも、娘のためによいと思ってのことです。ただ、義母をどうやって説得するかが難問です。「三つ子の魂百まで」の本当の意味って、何ですか。どうかアドバイスをよろしくお願いします。

A35 世代によって解釈の分かれる子育てのことわざ

「三つ子の魂百まで」または「雀《すずめ》百まで踊り忘れず」。幼いときの性質や培った習慣は、老人になっても変わらないというたとえです。

私自身、これらのことわざは幼少期に母親から繰り返し言われて耳に残っています。親が私をしつけようと叱ったり罰したりする場面で、その〝弁明〟に使われていたような記憶があります。「これは大人になってからお前が困らないように、あえて振るうムチなんだよ」というメッセージ。疑問に思うことがないわけではありませんでしたが、何か信念をもって育てようとしているのだという迫力は伝わってきました。しかし、本当のところ「三つ子の魂百まで」がどんな意味なのか、突き詰めて考えると、わかったようなわからないような……という人が多いのではないでしょうか。

一つは、人格の基本的なところは三歳まで（つまり、自我が芽生え、言葉が操れるようになるまで）の、非言語的な母子のかかわりや受けた養育の質によって決まるという考え方です。生まれてきてよかった、世界は信頼できる、という基本的な安定感は、言葉〝以前〟の段階ですでに培われていて生涯続く。だからしっかり甘えさせてあげる必要がある、という子育て観です。「三歳まではわが子を自分の手で育てたい」と願う若い女性のなかには、この考え方が取り入れられているのではないかと思います。

もう一つは、善悪の判断、欲求のコントロール（我慢）、基本的な礼儀作法などを教えるにあたっては、三歳ごろがしつけの最初の適齢期だという考え方です。「自分」という主体がはっきりし、言葉で自分の欲求や感情を理解したりコントロールしたりでき始めるこの時期は、集団生活に先だって、家庭内でのルールを親が毅然と示す重要な時期である。この時期を逃すと、わがままで人の言うことを聞けない人間になる、という子育て観です。

一般に、旧世代の親は、後者の理解をしている場合が多いですし、若い世代の親は、心理学から得られた知見をもとに、前者の理解をしている人が多いように思います。どちらが正しいか、と争ってもあまり益はありません。子育て観は時代とともに変化していくものであり、少し前までは、厳しくしつけて「人の言うことを聞く素直な良い子」に育てることが、わが国の子育ての規範だったのですから。

もちろん、まだ大人の言葉の意味や、叱る意図がはっきり理解できない一歳児や二歳児をいくら厳しくしつけようとしても、子どもはただ〝怖い〟から従うだけで、喉元《のど》を過ぎればまた繰り返してしまいます。しかし、〝怖さ〟から身につけた礼儀作法であっても、外の世界に出てからその子自身を助けてくれる場合もないとはいえない。わが子を育て上げた自信をもっているお義母さんの信念を覆すことはなかなか難しいでしょう。

ここで、気をつけてみないといけないのは、それぞれの過去の経験から自分を正当化しようとして、お義母さんとママの間で世代間闘争が勃発しないかという点です。ママは、自分の幼少時の離別から経験した寂しさと、現在の自信のなさを関連づけて理解するゆえに、わが子には十二分に甘えさせてあげたいと努力する。お義母さんは、その様子を間近に見ていて、厳しいしつけのほうを補強しなければとますます口うるさく頑張ってしまう。そのうち、お二人が、娘さんをめぐって非難し合うようになることは、避けなければなりません。

娘さんを保育園に入れることは、子どももママも世界が広がり、よいと思いますよ。「集団生活のルールを早く覚えさせられるから」等、お義母さんの信念に沿った説得も可能でしょう。それだけでなく、休日にはなるべく親子だけで長く過ごせるような工夫をし、のびのびと娘さんが（ママも）リラックスできる時間をバランスよく確保してみてください。娘さんにとって、親子の時間、お友達との時間が、安定して自分らしくいられれば、厳しい〝おばあちゃん〟との時間が深刻なダメージを与えるようなことはないはずです。大家族のなかでの緊張感をうまく逃がす方法を、ご夫婦で話し合ってみていただければと思います。

Q36 田舎での同居生活、不衛生な子育てに不安でいっぱいです（20代女性）

五ヵ月の息子の母親です。私の両親は都心に住む普通のサラリーマン家族でしたが、大学時代につき合った彼が地元で就職したので、結婚後、農家をしている彼の実家に同居しています。すぐに子どもを授かり、今までと全く違う環境に慣れる間もなく子育てが始まってしまいました。義父母は、よくこんな田舎に嫁にきてくれたと、私のことを大事にしてくれます。妊娠中から私には「無理して動かないで」と言い、家事はほとんど義母がしてくれていました。息子も、とてもかわいがってくれます。

ただ、ちょっと耐えられないことがあります。義父母ともあまり片づけをしない人で、家のなかはいつもほこりだらけで、散らかっています。食事の食べこぼしもあって、畑で取れたスイカの種などが床に普通に落ちています。ごみ屋敷のなかで生活をしているようでとてもいやです。それから、猫を飼っているのもいやです。自由に外へ散歩に行く猫が、そのまま部屋に上がってきても義父母はあまり気にしません。私は動物があまり好きではなく、何を舐めてきたかわからない猫が、息子に近づいただけでぞっとします。私たち夫婦の部屋はもちろん私がきれいにしますが、義父母も息子の面倒をみたがるので、みんなが集まるテレビのある居間に息子を寝かせることが多くなってしまい、息子のいる場所は思うように掃除もできません。たいてい義父母のどちらかが、そこでくつろいでいるからです。義母は汚い床に息子を寝かしてオムツをかえたり、そのオムツをそばにおいたまま食事を平気でとろうとするので、びっくりしてしまいます。豆の皮をむいた手で子どものガーゼタオルを触ったり、使い古した汚れた食器スポンジで哺乳瓶を洗おうとしたり、ひとつひとつが不潔です。離乳食をちゃんと始めていないのに、大人のおかずを噛んでから指でつまみ、息子の口に入れるのを見たときは、叫びだしそうになりました。

できるだけ私が息子の面倒をみたいのですが、「見といたげるから」と親切に言ってくれるのを、毎回断るわけにもいきません。また、田舎はこういうものなのか、玄関には鍵もかかっていないし、よく近所の人が田んぼ帰りに勝手に上がりこんできて、汚い手で息子を抱っこしたりするのも（もちろん義母がいるときですが）耐えられません。このままでは、息子が病気にでもなったらと、不安でいっぱいです。こういう不衛生な子育てはやめてほしいということを、どう義父母に話せばよいでしょうか。

A36 子育てのカルチャーショックから回復するには

子育てのし方、考え方は、先にも書いたとおり、国や文化によって驚くほど違います。たとえば、日本では産院から退院するとき、今でも桐の箱に入れた赤ちゃんの「へその緒」をもらい、記念に取っておきますが、欧米では「初歩の靴」(かわいいベビーシューズ)をよく飾っておきます。つまり、わが国では、他者と一体につながっていた証拠を大切にするのに対し、あちらでは自分で立った証拠を大切にするというわけですね。そこには、長く受け継がれてきた精神的文化の違いが表れています。どちらが良いとか、単純に言える問題ではありません。

また、同じ国のなかでも、地方によって、家によって、世代によって、それぞれ異なります。きっと、ご質問くださったママにとって耐えがたい〝不衛生〟も、おそらく暗いうちから家族総出で働きながら傍らに赤ちゃんを置いて子育てしてきた義父母の方々にとっては、〝あたりまえ〟にすぎないのでしょう。「無理して動かないで」とおっしゃるのも、妊娠中も立ち働かざるを得なかった時代に、周囲の人に思いやってもらった言葉が自然に口から出てくるのだと思います(飽食の時代の今は、「もっと動きなさい」と言う医師や助産師さんのほうが多いですけれども)。

ここで「義父母のやり方は許せない!」と、あまり〝対決〟モードに入らないでください。これは、カルチャーショックの問題だ、と考えてみることはできませんか? 乳首からおもちゃまで毎回消毒し、最大限衛生的に育てたからといって、まったく病気に無縁な子どもが育つとも限りません。どちらが正しくて、どちらがおかしいかではなく、異文化との共存と、棲《す》み分けの可能性を探ってみるのです。確かに、生ものや動物に触れることによる感染症も心配ですし、絶対に譲れないと思うところは率直に、お義母さんお義父さんに「このようにしてほしい」とお願いするのがよいと思います（ただし、事前にご夫婦で相談し、意見をそろえてから）。相手を頭から否定するのではなく、歩み寄れる接点を探してみてください。

豆の皮をむいた青臭い爪は、お義母さんにとっては、なじんだ〝自分の皮膚の一部〟のようなものではないでしょうか。関係ない人にとっては、ただのいやな臭いでも、当事者には違った意味があります。息子さんは大きくなったとき、豆や土のにおいと、自分をかわいがってくれたおじいちゃん、おばあちゃんの手の温もりを、一緒に懐かしく思い出すでしょう。それは、ほかでは与えられない息子さんのこころの財産です。

カルチャーショックから回復するには、まず相手の目に見える文化（習慣）を形作ってきた、さまざまな経験や思いの歴史に触れ、理解することが必要ではないでしょうか。そのうち赤ちゃんの夜寝る時間が増え、大人の時間が持てるようになったら、お義母さんの子育ての苦労話など、少しずつ聞かせてもらえるといいですね。

Q37 優しいせいでいじめられる息子に、強い男の子になってほしいのですが……

（30代女性）

小学校三年生の息子のことです。三ヵ月前、今の学校に移ってきました。あとからわかったことですが、去年学級崩壊があり、担任の先生が二度も変わった学年らしいです。息子は小さいころから性格が優しく、人がいやがるようなことは決してしない子です。妹が自分のおもちゃを欲しいと言えば、我慢して譲ってあげます。わがままも言いませんし、前の学校ではお友達も多くいました。

ところが今の学校は、乱暴な子が多く、学校へ行くのがとてもつらそうです。クラスに障害のあるお子さんがいるのですが、特定の女子グループが中心になってその子をいじめているようなのです。

少し前、その子が掃除用具入れのロッカーに押し込められて泣いているのを見つけ、息子が「いじめたらあかんやろ」と言って、出してあげました。そのことを知った女子グループが、「お前、よけいなことするな！　バカ」といって息子を蹴ってきたのです。息子はやり返してはいけないと思い、じっと我慢していたらしいのですが、夜にお風呂に入る時、脚に青あざができているのに私が気づき、事態がわかりました。その後も、息子は何かといやなことを言われたり、されたりしているようです。最近は元気がなく、「ぼくは何も悪いことをしていないのに、もう学校に行きたくない」とまで言い出しました。

女子グループのお母さんに伝えようかとも思ったのですが、リーダー格の女の子は、ほかのお母さん方から噂に聞くところでは、実の母親にたびたび殴られ、顔にあざを作っていることもあるそうです。そんな親に話しても、かえってこじれるのではないかと決心がつきません。担任の先生も、クラスをまとめるのに必死で余裕がなく、あまり対応してくれそうにありません。

相手が男の子なら、「やられたらやり返せ」とも言えるのですが、女の子だとそういうわけにもいきません。息子には、ふだんから「男は弱い者を守らなくてはならないんだから、困っている子がいたら助けてあげなさい。弱い者いじめは絶対いけません」と言い聞かせてきたので、それを守っているのだと思います。でも、何も悪くない息子がこのまま泣き寝入りのようなことになるのは、親として悔しくてなりません。ついつい私は、「せめて言い返すぐらいのことをすればよかったのに!」と、主人や前の学校の友達のお母さんにうらみごとを言い、息子もそれを聞いてしまっているようです。私は、息子に強い男の子になってほしいのですが、一体どうしていけばいいでしょうか。

A37 私たち母親は、どんな「男の子」を育てたらよいのでしょう

真面目で優しいお子さんが「学校に行きたくない」とは、穏やかではありませんね。

息子さんはきっとこれまで、自分を抑えて相手に優しく振る舞えば、その場も収まり、周囲の大人か

らも認めてもらえるという、適応行動のパターンを身につけてきたお子さんなのでしょう。しかし、大人の目が前の小学校のようには届かない、荒れた子ども同士の世界に突然入って、優しくしても自分が傷つけられるだけだという新たな事態が出現してきたわけですね。

とはいえ、突然「〝目には目を〟式のやり方に変えなさい」と言われても、簡単にはできません。それは、いつも優しいよい子であろうとしてきた息子さんにとって、〝悪い相手に対しては、自分も悪い（攻撃的な言動をする）子になっていいのだ〟という、価値観の大転換を伴うからです。

ママは「やられたらやり返せ」という言葉のとおり、いじめっ子がもし男の子だったら、息子さんが相手を〝やっつける〟ことを本当に望んでいますか？　腕力でなく、言葉の次元であったとしても、相手を攻撃して打ち負かすことを期待していますか？　その気持ちと、これまでの〝優しくあれ〟という息子さんへのメッセージとは矛盾しないでしょうか。じっくり考えてみてください。息子さんは、いじめに傷つくだけでなく、矛盾するメッセージに対して混乱しているのかもしれないのです。

まずは、ママの価値観をもう一度整理して、息子さんに伝えましょう。息子さんのこれまでの優しさを否定せず、ものごとには例外があることや、ほんの少しやり方のバリエーションを増やす必要があることを、本音で、納得のできるように話してあげてください。どんなとき、どこまでなら許されるのかを具体的に一緒に考えてみてください。

その際、「やり返せ」という表現は、慎重に使ってくださいね。相手が男だったらよい、女だったらいけないというものでもありません。「男の子は強くあってほしい」と思う親の気持ちは否定しませんが、私は職業柄、「男は強くなければならない」「勝つために、弱みを見せてはならない」という価値観を刷り込まれて育つことの〝影〟の部分にどうしても思いを馳せてしまいます。そのようにして大人になった男性が、中年期・老年期になって何かに追い詰められたとき、家族や友人にも助けを求められず、病に陥ったり死を選んだりしてしまうのではないかと思うからです。

私たち母親は、いったいどんな「男の子」を育てたらよいのでしょう。

どうか、強さは誰かをやっつけるために必要なのではなく、自分を守るために必要なのだということを混同しないようにしてください。たとえバカと言われても、「ぼくはバカじゃない」「バカと言うやつがバカだ」と宣言する強さがあれば、優しさにつけ入られることはなくなるでしょう。そして、その強さの源になるのは、「あなたはそれでいいんだよ」とママが支えてくれる〝安心〟なのです。

息子さんが「人を守る優しさ」と「自分を守る強さ」を併せもった少年に成長していけるよう願います。それでも、なかなか事態が好転しない場合には、やはり勇気を出して学校の先生方に相談し、学級での指導を通じて息子さんの安心がはかれるよう動いてみてください。

Q38 プリキュアの好きな息子に、きつく怒ってしまいました（30代女性）

三歳になる息子がいます。上に八歳と六歳の娘がいて、末っ子の息子はお姉ちゃんたちによくなついています。顔立ちがかわいいので、たまにお姉ちゃんたちがお姫様ごっこと称して、自分たちのワンピースを着せて息子を飾り立て、遊んでいることもあります。

そんな環境のせいか、息子は仮面ライダーよりプリキュア（女児向けアニメ）のテレビをよく見ています。シナモンロールやキティちゃんなど女の子向きのキャラクターも好きです。洋服も、お姉ちゃんたちとお揃いのピンクを欲しがったりしますが、買ってやると本当に嬉しそうなので、私はまあいいかとそんなに気にしていませんでした。

ところが、先日、田舎に住む夫の両親が久しぶりに我が家に遊びにきたときのことです。息子がたまたま、大好きなプリキュアのついたトレーナーを着ていたのを見て、義父が「女の服なんかきてどないした！」と開口一番息子に向かって言い放ちました。そのあと食事のときも、お酒を飲みながら、私に「あんなもの着せて女みたいになったらどうする」としつこく言うのです。夫まで、「欲しがるからって、甘やかしてるから悪いんや」と同調するので、私は思わず「もう、二度と着ないよね！」と息子にきつく言ってしまいました。

その翌日から息子は、一緒に買い物に行っても女の子向けのキャラクターがついたものは絶対手にとりませんし、デパートでプリキュアのショーをやっていても見ようとしません。「見たいんじゃないの？」と聞いても顔をそむけてどこかへ行ってしまいます。繊細な子で、大人の気持ちをよく察するところがあるようです。息子は女の子の服を着ていたというだけで、みんなに責められ母親からも怒られて、ひどく傷ついてしまったのではないかと心配しています。私は、どう息子に声をかけてあげたらよいでしょうか。

A38 性別と装いのしつけ

〝男の子の装い〟をしたがる女の子と、〝女の子の装い〟をしたがる男の子と。私たちの社会は、前者には比較的寛容ですが、後者には抵抗が大きいですね。しかも、「男女共同参画社会」が謳《うた》われ、性的マイノリティの人たちがカミングアウトする例が増えた今日のほうが、子どもの性別と装いについて、以前より過敏になっているような気がします。そもそも、子ども服なんて豊かにそろっていなかった私の子ども時代には、上の子（姉）のお下がりをそのまま着せられている男の子や、娘が欲しかった母親のせめてもの願望充足で、ワンピースを着せて連れ歩かれる男の子を見かけることは、時々ありましたよ。だからといって、その子たちが、みな性的アイデンティティの危うい大人に育ったとは思いません。

何をすてきだと感じ、どんな装いをしたがるかは、本来男女にかかわりなく個性の問題です。ただ、文化や社会によって、性別により好ましいとされる不文律の規範があって、生まれたときから女の子はピンク、フリル、スカート、男の子はブルー、シンプル、ズボン、を選ぶよう仕向けられるのです。私は、個人的には、できるだけそういった規範に縛られず、その子の好みを大切にし、感性を育てていきたいと考えています。いずれ、家庭から集団の場に出ていき、社会の規範に気づいたとき、自分で折り合える線を見つけていけばよいと思うからです。たとえば、男の子がプリキュアのキャラクターのついたトレーナーを家で着ているだけなら何も起こらなくても、保育園に行き、一定の年齢のクラスになれば、「女の子のや〜」と友達からいろいろと言われるでしょう。先生も何かおっしゃるかもしれません。三歳を過ぎれば、性別の意識や、恥ずかしいという感情も次第にはっきりしてきます。たいていは、そこで自然に、周囲から認められるような装いを自分から選ぶようになるものです。

ご質問くださったママの場合、プリキュアのトレーナーを買ってあげたところまではよかったのですが、女性を恐れる男性陣（?）の圧力で、息子さんの素朴な〝好き〟を否定してしまったことが、こころにずっと引っかかっておられるのですね。確かに、息子さんにとっては、プライドを傷つけられる、ショックなことだったでしょう。社会の目に見えない規範が、じわじわと気づかれていくというプロセスを経ず、いきなり家族・親族からバーンと突き付けられたのですから。

もしも、ママが性別にかかわりなく自由な装いや好みを許容するしつけをしていこうと考えておられるなら、キャラクター付きのお菓子などの消費物と同様、プリキュアの洋服も与えてあげて、まったく問題ないと思います。

反対に、ママ自身も実は〝男の子らしく〟というしつけをしたいなら、「見たいんじゃないの?」と念を押したり試したりするような問いかけはせず、息子さんの気持ちが動いているのを察しながら気づかないふりをするくらいの、〝大人の〟対応をしてあげてほしいと思います。なぜなら、問いかけのなかに、かすかにでも親の否定や皮肉を感じ取れれば、子どもは再びプライドを傷つけられ、怒りが呼び起こされてしまうからです。繊細な息子さんであれば、なおさらでしょう。

いろんなしつけの価値観があってよいと思います。大事なのは、親自身のなかに、ちゃんとその価値観が矛盾なく根づいていることだと思いますが、いかがでしょうか。

8

こころの病や障害を抱えながらの子育て

私たちは誰しも、いつも順風満帆な人生を歩んでいけるわけではありません。長い人生のなかでは、自分やパートナーが、もしくは生まれてきた子どもが、病や障害を抱えることもあるでしょう。そんなとき、私たちはどうやってお互いを支え、必要なサポートを得、そして社会のみんなで子どもを守り育てていくのだという広い意識のもとに、子育てをしていけるのでしょうか。

近年では、マタニティ・ブルーや産後のうつ病については以前よりよく知られるようになり、たいていの育児書に解説が載っています。しかし、それはあくまでも「妊娠・出産」を直接の契機とした一過性の不調の説明であり、もっと長期的なこころの病や障害を抱えた女性が、妊娠や出産を考えたときにどのような気持ちをもつのか、子育てにおいてどんな困難や不安を感じるのか、そんなときどうすればよいのか書かれた本は、意外なほどありません。インターネットの世界では、関連する膨大な数のサイトやブログを見つけることができますが、どの情報がどこまで信頼できるのかを推し量ることは、なかなか難しいと言えるでしょう。

さらに、パートナー（夫や妻）がこころの病や障害を抱えている場合に、子育てにおいてどんな配慮と工夫が必要になるか、自分自身の気持ちをどうコントロールし、子どもに不必要なストレスを与えないようにできるのかといった指針を示してくれる教科書は、ほとんど見つかりません。もちろん、病や障害の症状は人によってさまざまであり、一般論な「共通解」のようなものを示すのは難しいかもしれません。しかし、個々の例からでも私たちが学べることは、たくさんあるはずです。本章では、いくつかの具体的な例を通して、これらの問題を考えてみたいと思います。

それからまた、生まれてきた子どもが障害を負っていたり、成長の途上でこころの病に陥ったりした場合も、母親は例外なく責任を感じ、深く傷ついたり、行き場のない感情に苦しむものです。

その苦しみを父親が共に背負うか、共感できずに距離を置いてしまうかによって、夫婦の関係も根底から揺らぎ、岐路に立たされます。たとえば、近年その研究と理解が進みつつある「発達障害」の場合、身体的な病や障害と違って、周囲の人にも身近な家族や自分自身にも客観的に捉えにくいがために、子育ての過程で経験するこころの負担には想像を超えるものがあります。

従来は、「落ち着きのない子ども」「育てにくい子ども」「ちょっと変わった子ども」と捉えられていたなかに、高機能自閉症、アスペルガー障害、ADHD（注意欠陥／多動性障害）、LD（学習障害）などと診断される子どもがいることが、近年では一般にも知られるようになりました。二〇〇五年に発達障害者支援法が施行され、乳幼児健診や学校教育の場面で積極的に早期発見・早期診断を行う方向に進んでいます。その変化は、「しつけの問題」や「努力不足」と見なされて自分を責めていた母子を救い、適切な療育を受けられるという恩恵をもたらした一方で、「個性か障害か」のはざまで悩む、新たな子育ての困難を生む事態をもたらしています。

なかには、わが子が発達障害の疑いをもたれたことを契機に自分もこれまでの生きづらさを振り返り、自ら発達障害の診断を受ける母親もいます。これは子育てを通してまさに自分を生き直す試みであり、アイデンティティをいったん解体して再構築するチャレンジと言えるでしょう。

私は職業柄、わが子がこころの病や障害を抱えたことを契機にして、親や家族全体が、苦しみの後にそれぞれの自分らしさに向かって変容していく様子に立ち合わせていただくことが稀ではありません。本章ではそのような「後の過程」にまで触れることはできませんでしたが、子育てにおいても、抱えた困難ゆえに与えられる奥深い経験があるということを、少しでも伝えられたらと思います。

Q39

気分障害で通院しています。私の病気が娘の将来に悪影響を及ぼさないか、心配でたまりません（20代女性）

私は、二〇歳のころから気分障害で精神科に通院しています。そうとうつの両方の波があり、カウンセリングと服薬で安定している時期もありますが、ひどいときは入院になります。今は家事をなんとかこなすくらい落ち着いていますが、うつがひどいときは一日中、布団のなかで動くことができません。

幸い学生時代から付き合っていた夫はよい人で、結婚して授かった娘ももうすぐ四歳になります。ちょっと調子に乗るところはありますが、明るくて元気な子です。でも、私は一度波が来ると自分の感情をコントロールすることができないのです。うつのときは、娘がそばにいても一緒に遊んであげられませんし、娘の存在を疎ましくさえ思ってしまいます。逆に、そうのときは、イライラしてちょっとしたことで怒鳴りつけてしまいます。これまで二度の入院中は、すでに保育所に預けていたのと、実家や夫が娘の面倒をみてくれるので、なんとかやってこられました。

心配しているのは、私が十分に母親らしいことをしてやれていないので、娘の将来に傷を残さないかということです。入院中も寂しい思いをさせましたし、娘のこころにトラウマをつくっているのではないかと不安です。娘はパパが大好きで、パパとちゃんとお留守番してくれていたとは思うのですが、三歳までの母子関係は重要で、思春期以降のこころの問題に影響を及ぼすと聞きます。私の病気のせいで、娘の将来に悪影響がでないでしょうか。そのうち不登校や引きこもりになったりしないか、悪いほうへばかり考えてしまいます。最近、娘が少し情緒不安定な気がして、私の悪い影響が表れているのかなとも思っています。

A39 因果関係でとらえないで

気分障害を抱えていらっしゃるとのこと。入院、退院後の大変な時期を乗り越え、娘さんも無事成長されている様子で、本当によかったですね。通院しながらの、今の日常生活を大事にしていただきたいと切に思います。

親と子は、お互いに影響し合い、成長し合っていくものです。もちろん乳幼児期の母子関係は、思春期以降の子どものこころの成長となんらかの関係があるでしょう。でも、そのことを単純な「原因―結果」の関係でとらえないでほしいのです。子どもには子どもの個性があり、成長する力があり、周囲の人々にはたらきかけていく能動的な力をもっています。子どもが幼いときに、母親が気分的に不安定だったり、不在の時期があったからといって、将来必ず子どもに良くない影響が表れると思い込まないでほしいのです。幸い、ご質問くださった方には娘さんの育児を手伝ってくださるご実家の家族や、パパや、保育所の先生方がいらっしゃいます。あまり「お父さん大好きっ子」になり過ぎて、寂しいお気持ちになられるかもしれませんが、自分をコントロールできないときに、ちゃんと肩代わりしてくださる人がいるのは心強いことですよね。

「～のせいで～になったら」「～がいけなかったから～になった」と、負の因果関係ばかりが頭をよぎり、不安でたまらなくなってきたら、むしろ「ちょっと疲れがたまってきたかな」と、ご自身の調子を案じてみてください。そして、早めに〝サポーター〟に頼ってみてください。また、調子の落ち着いているときには、娘さんを大切に思う気持ちを精いっぱい表現し、伝えてあげてください。私は、カウンセラーという仕事をしてきたなかで、気分障害で通院・入院をしながら、ご家族やお手伝いの人の助けを得て何人もの優しい親思いのお子さんを育て、お孫さんたちにも恵まれた女性にお会いしました。人生には、個人の努力やコントロールを超えた何かがあること、その大いなる何かに対して謙虚になり、信頼できる他者に委《ゆだ》ねるという姿勢を、子どもさんたちは成長過程でその女性から学び取っていったように思います。幼少期の母子関係から、思春期を越えて大人になった子どもが何を学ぶかは、奥深く、誰にもわからないことです。どうぞ、あまり先のことを心配しないで、日々言葉が増えていく娘さんと、今たくさんおしゃべりを楽しんでください。

Q40 パニック障害で薬を服用しています。子どもが欲しいのですが、どうしてもお薬をやめなければならないでしょうか（30代女性）

結婚して三年目の三二歳の専業主婦です。実は私はパニック障害で、いろいろ症状があり、もう一〇年ほど薬を服用し続けています。最初のきっかけは、友達と外で食事をするときに急に手足が震え、胸が苦しくなってその場にいられなくなるというできごとでした。それから、映画館や、電車のなかでも、またパニックになったらどうしようと怖くて、外出できなくなり、心療内科や精神科にかかるようになりました。ひどかったときは、自殺まで考えましたが、何軒目かのクリニックで処方された薬が合ったのか、薬を服用すれば、徐々に日常生活が普通にできるようになり、今に至っています。

今の主人とは学生時代からのつき合いで、私のことをよく知ってくれていますし、無理をしなくていいよと言ってくれています。でも、年齢のこともあり、二人は子どもが欲しいので、そろそろ妊娠したいと焦るようになってきました。妊娠を具体的に考えるにあたり、妊婦が使用してはいけない薬があることを知りました。ネットや本で妊婦と薬に関する事項をいろいろ調べましたが、どれにも私の服用している薬は使用不可と書いてあります。

今の主治医の先生に相談したところ、男性だからか、あっさり「欲しいなら、薬を飲むのをやめればいいじゃない」と言われてしまいました。でも、薬を飲んでいても、たまに調子が悪いと、買い物のときにスーパーのレジの人にお金を渡すときに動悸がして手が震えるぐらいなのです。

別の病院に行ってみたほうがよいのか、それとも産婦人科で相談したほうがいいのでしょうか。行っても同じことを言われるだけでしょうか。どこの病院にも行かず、薬を飲まずに頑張ればいいのでしょうが、とても私にはそんな勇気はでません。四週から七週の最も危険な時期だけ我慢するとして、それ以外も薬はやはり飲まないほうがいいのでしょうか？　どうかアドバイスをください。

A40 ライフサイクルを視野に入れた治療の工夫を

精神安定剤、抗うつ剤など、精神科治療薬を長期に服用している女性が、妊娠・出産とその後の授乳期をどう乗り切るかは、なかなかデリケートで難しい問題です。ただでさえ心身の変化が大きく不安定になりがちなこの時期に、常用していた薬をやめるという選択は、それまで持っていた〝浮き輪〟を手放して、大海に泳ぎ出すことと等しいからです。

ご質問くださった方が服用されている薬は、おそらく心臓にはたらいて異常収縮を鎮める治療薬と、抗不安薬だろうと思います。このような症状に効く薬の多くは、妊娠・授乳中は使用を禁じられているか、できるだけ避けるよう定められています。その薬物摂取によって胎児に異常が生じる可能性はたとえ高くなくても、確率がゼロではない以上、用いないに越したことはないと言えます。

しかし、だからといって、妊娠を諦めたり、妊娠するためにいきなり〝浮き輪〟なしで、自力で深い海を泳がねばならないわけではありません。まずは、夫や実家の両親など、家族に事情を理解していただき、服薬をやめたり減らしたりする代わりに必要になる手助けを求めてください。日々の食材は宅配サービスを探す、急がない日用品は家族に買ってきてもらう、友人には自宅へ来てもらうなど、「パニック障害」の発作が起きる頻度を減らす工夫はできるのではないでしょうか。

また、主治医の先生にも、より影響の少ない薬に変えていただく、自律訓練法など薬物以外の治療が受けられるところを紹介していただく、といった対応を丁寧にお願いしてみてください。薬のような即効性はなくても、根気よく続ければ、今よりもうまく自分をコントロールできるようになる可能性はあります。やはり、できるだけ安心して妊娠できるよう、準備態勢を整えておきたいですね。

それでもなお、「薬をやめるか、妊娠をやめるか」といった選択を迫られるのであれば、もっと親身に相談に応じてくださる神経科・精神科の医師を探して、セカンドオピニオンを求めてもよいと思います。また、大きな総合病院の産婦人科では、妊娠と薬物についての相談外来を設けているところもあるようですから、お住まいの近くにそのような対応をしてくださる病院があるかどうか調べてみるのも一つでしょう。いずれにせよ、一人で頑張ろうとせず、女性のライフサイクルを視野に入れ、妊娠から授乳期までの長い期間をサポートしてくれる、信頼できる治療上のパートナーをぜひ見つけてください。

生まれた子どもに何か問題が起きたとき、母親というのは、「妊娠中、階段で転んだせい?」「お産のときのいきみ方が下手だったから?」など、どんなささいなことでも気になり、自分が原因をつくったのではないかと責めてしまうものです。そんな苦しみを背負わないためにも、〝私は元気な赤ちゃんを授かるために、できるだけの準備をした〟と納得できる方法を、探っていってほしいと思います。

Q41 強迫神経症だったという夫は子育てでもあれこれ指図し、私は不満がたまって爆発しそうです（30代女性）

共働きで、三歳の息子を育てています。子育てに関して、夫への不満がたまって耐え切れなくなってきましたので相談にのってください。夫は神経質なところがあって、とにかく几帳面な性格です。また自分なりに決めたルールがあるようで必要以上にそれにこだわります。食卓の上の調味料入れの場所がずれていてもだめですし、コップなどでもきれいに洗っているにもかかわらず、洗剤がおちていないんじゃないかと言って何度も洗いなおして自分が納得してから使います。

息子のことにしても、食中毒になってはいけないからおにぎりは手で握るなとか、インフルエンザにかかったら困るから手はもっと消毒させろとか、言ってきます。遊ばせるときも、危ないから高いところには上らせるな、階段で転んだらいけないからそんなに強く手をひっぱるな、車道側を歩かせるな、等々お小言は、きりがありません。私も自分なりにちゃんと気をつけてやっているのに、いちいち上から指図するように言ってくるので腹がたちます。なるべく、聞き流すようにして衝突を避けているのですが、そうすると「ちゃんと聞いてない」「わかったか」とさらに確認してくるので、いい加減うんざりです。

とくに、先日私が息子を公園に連れて行き、息子が遊具から落ちて額に擦り傷を作ったときは、「だから目を離すなと言っただろう！　もし頭でも打ってたら取り返しのつかないことになってたんだぞ！お前なんか母親の資格ない」と、これ以上ないぐらいに罵倒されました。それ以来、まるで私の子育ては夫に監視をされているようで、息子にも、保育園の帰りにお母さんとどこに行ったんだとか、危ないことはなかったかなどいちいちこと細かく聞いているようです。

実は結婚前に聞いたのですが、夫は若い頃、強迫神経症でしばらく精神科に通っていたことがあるそうです。仕事はちゃんとしているし、もう治ったと思っていたのですが、子どもができたころから、ここ数年は神経質なところがひどくなってきた気がします。

夫はやはり病気であると考えて、私がもう少し大人になり、夫の言うことに従うべきなのでしょうか。保育園の先生や友達のお母さん、職場の同僚などは、ぐちを聞いてくれるので助かります。でも、私も仕事で疲れてくると夫への不満がつのり、いけないとわかりつつ子どもに当り散らしてしまいます。このままでは、爆発してしまいそうです。私はどんなふうに考えていけばよいでしょうか。

A41 自分を支えるのが精一杯のパートナーとの子育て

不満というより、相当な〝怒り〟で爆発しそうになっていらっしゃる様子が伝わってきます。ご夫君は、すぐに治療の必要な状態ではないかもしれませんが、細々と規則をつくり、きっちり守らないと不安でたまらないという意味では、強迫的な性格の人であることは確かでしょう。

不思議なのは、ご夫君にとって心配の対象が、息子さんに集中しているという点です。妻であるあなたの身に何かあったらどうしようとか、ご自身が事故に遭うのでは、といった心配はされないのですね？　おもちゃを振り回してこぶやあざをつくるのも、階段や滑り台から落ちるというハプニングも、子育てにはつきものです。もちろん、万に一つの致命的なけがはあり得るでしょうけれども、その恐れに対するご夫君の反応は、やはりいくぶん度を越しているように感じられます。

几帳面で、おそらくはとても繊細なご夫君にとって、息子さんは、〝絶対に傷つけてはならない自分の分身〟のような存在になっているのではないでしょうか。わが子を危険から守ろうとすることで、実は、自分自身を傷つきから必死で守っているのだと思います。冷静に考えれば、親が危険をなんでも先に取り除くより、親が見守りながら、子どもが自分で危険に対処できるよう経験を積ませてあげたほうがよいことは、ご夫君にもわかるはず。しかし、理屈ではないのですね。

このような、生きにくさを抱え、自分自身を支えるのが精一杯のパートナーと一緒に子育てするときに、できることはなんでしょうか。

ご質問くださった方は、なるべくご夫君の不安を増幅させないよう、耐えたりかわしたりして、よくやってこられたと思います。でも、誰でもいつも悟った大人のふるまいができるわけではありません。我慢した怒りを子どもにぶつけてしまう悪循環は、なるべく避けねばなりませんね。いくら、ご夫君が息子さんに自分を重ねて、あれこれ指示をしても、できるだけ「夫の不安の問題」と「子育ての問題」は別だと意識し、分けて考えられるとよいのですが。たとえば、子どものことで「〜するな」と必死に言うときほど、「夫は調子が悪そうだな」と受け止めてみるというふうに。

息子さんの昼間の主な生活の場が保育園であることは、幸いです。きっとそこでは、ほどよいやんちゃぶりを発揮できているのでしょう。保育参観などには、積極的にご夫君にも行っていただき、〝このくらいの目配りで大丈夫〟と実感してもらえたらいいですね。また、夫婦一緒の休日が息詰まるようなら、複数の家族でハイキングに出かけるなど、大らかな子育ての場に、ご夫君を巻き込む工夫をしてみてください（強迫的な子育てに巻き込まれるのではなく）。

パートナーを精神的に支えつつ、子育ても仕事もこなしていくのは、とても難しい課題ですが、友達や、先生や、同僚に恵まれているあなたなら、なんとか乗り切っていけるかもしれません。ただ、もう限界だと感じたときは、必ず、爆発する前にご夫婦で話し合って、距離を置くことも検討してくださいね。

Q42 うつ病の夫に、息子がまったくなつきません（30代女性）

夫と息子の関係のことで悩んでいます。私は二歳の息子の母で、いま二人目がお腹のなかにいます。看護師をしていましたが、第二子の妊娠を機に先月職場をやめました。

夫は、大学の職員をしており、もともと家事をよくしてくれるまめな性格の人です。しかし、あまり社交的ではないほうで、職場の人間関係がうまくいかなかったことをきっかけにうつ病になり、五年ほど前から仕事に行けたり行けなかったりのくりかえしです（現在も休職中で家にいます）。また、最初は通院だけですんでいたのですが、息子が生まれてからうつの状態がひどくなり、入院することもでてきました。今まで、一ヵ月ずつ三度入院しています。夫が入院中は、私は夜勤の仕事もあったので、息子を実家にしばらくあずけたり、姉夫婦のところにあずけたりしてなんとかしのいできました。

私が家にいるようになって、夫は少し調子がいいようですが、息子がまったく夫になつかないので困っています。夫は子どもが嫌いなほうではなく、自分の気が向くと、息子を抱っこしようとしたり、遊びに連れ出そうとするのですが、息子は「イヤ！」と逃げてしまいます。入院を繰り返して家にいなかったことや、調子の悪いときの恐いイメージが関係しているのかもしれません。

私が仕事をやめて家にいるようになったから私のほうに来るのかなとも思ったのですが、それにしてはあまりに私にべったりで、ちょっと姿が見えないと、私を探して泣きながら家中探し回ります。そうなると、夫も自分の部屋に閉じこもってしまい、私がちょっと買い物に出るあいだ、見てて欲しいと頼んでいても息子のことは知らんふりでゲームをしています。私が「ご飯ぐらい食べさせて」と言うと、カッと逆上して「俺は病気なんだぞ！」と怒鳴るのです。長い闘病生活で、それなりに協力し合って頑張ってきたつもりですが、なんだか疲れてしまいました。

夫には早く治って仕事に行ってほしいですが、このまま家にいるのなら、私が早く再就職をして、思い切って夫に家のことを任せたほうがよいのかとも思います。夫しかいなければ、息子はパパになついてくれるのでしょうか。ご意見をお聞かせください。

A42

長い目で見て、家族にとって最も望ましい道を選ぶこと

精神科への何度もの入院。でも、調子のよいときは忙しいママと助け合い、家事もまめにこなしてこられたということですから、優しくてよいパパ（になれる人）なのでしょうね。

息子さんが、パパになつかず、ママにべったりなのは二つの意味で当然のことと思います。

一つは、二歳前後という年齢は、自由に一人で動ける能力が増大し、なんでも自分でやりたい欲求が高まると同時に、見放されたらどうしようという不安も高まって、母親にまとわりついたり後追いをしたりする発達的な時期だということ。

もう一つは、下のお子さんができて、ママを取られたくないということ。パパがどんなに子煩悩で優しくても、下のきょうだいが生まれる前や生まれた後の幼児は、警戒して近づきたがらないことがあります。ママのお腹が大きくなってくると、何となく自分が一番でなくなることが予感され、ぐずぐずママに甘えることが増えたり、生まれた赤ちゃんの世話でママの手が離せないときに限って、上の子も〝ママでなければダメ！〟と頑張ります。うっかりパパになついている間に、ママと赤ちゃんの間に自分の入るすきがなくなってしまっては困るからです。

ただ、だからといって、時期が過ぎればなんの問題も残らないかというと、ご質問くださったママが直面しておられる事態はもっと複雑で、検討すべき要素を多く含んでいるように私には思えます。息子とパパの関係だけでなく、家族としてこれからどのようにやっていけるのかについて、少し述べさせてください。息子さんが生まれてから入院が始まったというタイミングを考えると、パパは、世話係（精神的な意味で）の誰かがそばに居てくれないと、独りでは自分の安定を保てない人なのかもしれないと思います。それまであなたから補給されていたエネルギーが子どものほうへ行ってしまったために、調子が崩れたのです。このようなパパに、気が向いたときの子育てのサポートはできても、中心的な養育者としてわが子に対する責任を負うことは、荷が重すぎます。それは、ちょっとした努力でできるようになることではないし、努力を強いられて追い詰められるのも心配です。つまり、今の家族関係の構造は、お子さんが大きくなって自立するまで基本的に変わらない可能性が高いと考えられるのです。

子育ては、長丁場です。ママには、二人の子どもを働きながら育て、さらにもう一人の子ども（ケアを必要とする夫）の成長を助ける決心ができますか？　そうするなら、実家の協力をもっと全面的に頼むか、信頼できるお手伝いさん兼ベビーシッターを見つけて、お子さんたちの養育環境が突然たびたび変わることのないよう策を尽くさなければなりません。

あるいは、この先あまりに夫の状態が不安定で、とてもこれ以上支えられないと感じるときがくるなら、つらいけれども別れて住み、子どもが幼いうちは、安定しているときだけ会うという選択もあります。どうぞ、長い目で見て、家族にとって何がいちばん望ましいのかをよく考えてください。

Q43 発達障害の息子を育てるなかで、仕事にも自信がもてなくなりました

（40代女性）


ＡＤＨＤの診断を受けた七歳の息子がいます。愛嬌のある、可愛い子です。でも、小さいころから落ち着きがなく、怪我が絶えませんでした。保育園のころは、突然お友達に突進したり、おもちゃを壊したりするので、「乱暴なので、お宅のお子さんとは遊ばせたくない」とほかの親御さんから言われて、ショックを受けたこともあります。落ち着きがない分、一生懸命厳しくしつけてきたつもりですが、息子は叱られてもすぐけろっと忘れてしまい、同じことを繰り返してしまうのです。

小学校に上がり、プリントをすぐなくす、忘れ物が多い、授業中も突然話し出し、先生の言うことが聞けないなどのことがあって、学校から紹介され、病院で検査を受けました。「やはり」という思いと、

勉強はそこそこできるので「まさか」という思いが両方あって、半年たった今でもずっと重い気分がのしかかっています。今、一番つらいのは、学童保育所でのほかの保護者との付き合いです。

私は大学を出てからずっと仕事をしてきて、三〇代で結婚し、遅めの出産をしました。当然、子どもができても働き続けるものと思っていました。しかし、先日学童保育所で息子がお友達に突然抱きつき、相手が転倒して怪我をするという事故があってから、ほかの保護者から息子の危険なふるまいについての苦情がいくつも指導員に寄せられたらしく、私が呼び出されたのです。指導員の先生には、診断を受けてから、いろいろと相談にのっていただいていたのですが、そこでは暗に、大事があってからでは遅いので、家で過ごさせてほしいというようなことを言われてしまいました。

信頼していた人に裏切られたようなショックと、こんなふうに産んでしまって子どもに申し訳ないという気持ちで、その場は何も言えずに帰ってきてしまいました。次の日から、仕事をしていても集中できず、ミスばかりして、仕事をしている自分にも自信がもてなくなっています。冷静に考えたら、たとえ障害があろうと、学生さんのボランティアや加配の指導員さんを頼むなどして、息子が楽しみにしている学童保育を続けさせてやることは可能なはずです。保護者会を開いてもらって、息子の障害の理解を訴えるのが、親として果たすべき務めなのかもしれません。でも、何と説明すればよいのだろう、みんなに嫌われているんじゃないかと考え出すと、すべてに自信がなくなり、私が仕事を辞めるべきなんだろうかと迷います。行事でほかの保護者に出会うと、緊張し、顔色をうかがって逃げるように帰ってきてしまいます。

高齢出産が悪かったのでしょうか。もっと早くに気づいて、何か適切な訓練をしてあげればよかったのでしょうか。私が落ち込んで話を聞いてもらおうと思っても、夫は「そんな検査、当てになるもんか。

ほっといても、大人になったら治る」と取り合ってくれません。私は、どうしたらいいのでしょうか。

A43 まず、傷つきと怒りを誰かに受け止めてもらうこと

原因や療育方法などまだわからないことも多く、生活上、種々の困難を抱えた発達障害のお子さんをここまで育ててこられた過程では、きっと簡単には言葉にできないような、いくつものつらい経験をされてきたことでしょう。

女性にとって、妊娠したり、出産して母親になることは、おめでたいだけでなく、深い傷つきの体験にもなり得るという避けがたい事実があります。望まぬ妊娠だけでなく、早産でわが子がＮＩＣＵに入らねばならないとき、また熟産で生まれてもなんらかの障害があるとわかったとき、女性は自分の存在を否定されたような、こころの傷を負います。そして、傷つけられた怒りはどこにももって行き場がないために、自分自身に向かい、二重、三重に自分を苛《さいな》むのです。

ご質問くださった方が抱えているのは、何かをうまくやったり、合理的な行動をとることで、癒せるような傷つきではないでしょう。母親がわが子の出生に負う責任を感じるがために生じる傷つきは、レベルの差はあれ、不可避なものです。それはこれからの人生で、息子さんの笑顔や、家族の励ましや、さまざまな局面を一つひとつ乗り越えていくことのなかで、少しずつ癒され、いつしか「これでいいん

だ」と信じられるようになっていくという種類のものだと思います。そしてその先にこそ、「この子」と出会わなければ得られなかった、かけがえのない体験の一つひとつを大切に思い、深い喜びを噛み締める境地があるのだと思います。

その長い道のりを歩んでいくためにも、どうぞ、無理やり自分にむち打って何かを頑張ろうとするより、まず、あなたの傷つきと怒りを（運命へのそれも、特定の人へのそれも）ちゃんと誰かに語り、受け止めてもらってください。そうすれば、不必要に自分を責めたり、誰かに責められているように感じることは、減っていくはずです。夫婦で支え合うことが難しいなら、ぜひカウンセラーを見つけてください。私は、母親が仕事をもっていることで、より多くの人にかかわっていただきながらの子育てが可能になり、孤立や視野の狭まりを避けられるというメリットがあると思っています。息子さんは、突進したり抱きついたりするほど「人」が好きで、好奇心もいっぱいあるのでしょう。安全にさえ目配りし、よい大人や年長の子どもに出会うことができれば、息子さんにとっても世界が広がります。また、子どもたちは親よりもはるかに柔軟でしなやかなこころをもっていて、小学校中学年ぐらいになれば、それぞれに合うつきあい方を見つけていくようになります。

ただ、今後たびたび危険な行動があり、親が担任の先生と打ち合わせたり、学童保育所に呼び出されたり、行事に付き添ったりする必要が出てくれば、時間拘束の厳しい仕事を続けるのは現実問題として難しい場合もあるかもしれません。仕事を辞めるかどうか、もしくは休むかどうかは、そのときどきの息子さんの様子と、ご自身のお気持ちを考え合わせてから決めても遅くないのではないでしょうか。今しばらくは、変わらぬ生活の場を確保し、息子さんがいろいろなことを吸収し、成長していくのを見守ってあげられたらと願います。

9

そして母親とは？
子どもを、家族を
愛するとは？

近代社会は、「進歩」という概念を手に入れました。人間の営みは、科学に多く支えられるようになり、かつ知らぬうちに支配されるようになっています。進歩し、ひたすら先へ先へと急ぐその極限の世界は、マザーコンピューターに支配され、人工的に再生産される奴隷としての人間の世界です。『地球《テラ》へ・・・』（竹宮恵子、一九七七〜八〇年）、『マトリックス』（ウォシャウスキー兄弟、一九九九年）など多くのＳＦ作品が、その行きつく先をアイロニカルに描いてきました。二一世紀の現在、これらは荒唐無稽なフィクションでも何でもなく、たとえば凍結精子による死後の人工授精、クローン人間の生成など、子孫を効率的かつ理想的に生産することを真剣に考えている科学者は、現実として確かに存在しています。

しかし一方、お産に臨む母親にとって、その本能的な経験は、動物が哺乳類となってから連綿と繰り返される営みの変わらぬ一部です。訪れる陣痛の波に悶え苦しむとき、そこには「社長の出産」もなければ「平社員の出産」もない。また、生まれてきた子を胸に抱くとき、そこには理想の母も、悪魔の母もなく、道徳的な善も、悪もありません。母は娘を産み、娘は母になり、また母となって娘を産む。それはただ、果てしなく循環する自然のなかに「あるがまま」として在る経験にほかならないのです。

リサイクル、エコロジーなど、まるで二〇世紀の終わりになって人類が初めて気づいたことのように、現代社会はその必要を声高に叫んでいます。でも、月ごとに巡り来るからだの変化を通して、女性は「進歩」とは対極にある「循環」の世界を、はるか祖先の昔から知っていました。よりよい母になり、より賢い子どもを育て、自分の人生も懸命に生きて何かを達成し……という進歩への強迫から離れて、ほんの少しこの永遠の反復の世界に身を委ねてみてはどうでしょう。子育てとは、個人の努力や達成を超えたところにある、古くて新しい世界に私たちを啓《ひら》き、進歩の呪縛から解き放ってくれる営みなのです。

そんな思いを伝えたくて、私はこの最終章を置きました。人生半ばを過ぎ、来し方を振り返り、子育て期間の残りを数えるようになった今だからこそ、自然にそう思えるのかもしれません。

子どもが育つ上で大切なのは、毎日変わらず朝が来て、同じ声が聞こえて、同じ時間にご飯を食べて、同じにおいのふとんで寝て、という繰り返しです。その反復の安心のうえにこころの土台が出来上がり、やがて個性が花開いていくのです。親にできるのは、その変わらぬ環境を一定期間、用意し続けることです。今日、町の大きな書店を覗けば、雑誌のコーナーにはあふれんばかりの育児雑誌がカラフルに並んでいて、いわゆる乳幼児の子育てだけでなく、いかによい小学校に入れるか、いかに偏差値の高い中学校に入れるか、ひいては最高学府に受からせるか、といった特集が目を引きつけるような文字で描かれています。下手をすると、私たちは「進歩」の幻想のみに捕らわれ、少ない子どもをコントロールしようと全力投球し、変わらぬ反復といのちの循環の大事さを見失ってしまいそうに思います。

どんなにわが子と一心同体になって突き進んでも、いずれ「別れ」のときがやって来るということを忘れてはなりません。その最後の地点は「死」です。親も子も、死に向かって生きている、いのちの循環のなかの一つのサイクルを生きているのです。その視点から今を見るとき、親と子は改めて、今ともに〝在る〟ことのいとおしさを実感することができるのではないでしょうか。

母親とは、子どもへの愛とは、家族への愛とは……。もちろん、答えなど出しようのない問いですが、いくつかの問答の試みが、みなさんの問いが新たに生まれるきっかけとなれば幸いです。

Q44 理想の母親になりたいのに、泣いてばかりです（20代女性）

三歳の子と三ヵ月の赤ちゃんのママです。妊娠中も少し調子が悪かったのですが、産後ひどく調子を崩してしまいました。夕方になるとわけもなく涙が出てきたり、主人のちょっとした癖が気になったり、すべてのことにおいてイライラがつのっています。まだ下の赤ちゃんの首がすわらないので、最近はそれも気になって、あまり眠れません。食欲もなくひたすら苦しいのですが、完全母乳で育てているので、薬などは飲まずになんとかやっています。

主人は、マタニティ・ブルーだろうから、なるべく家事などは手を抜いて休めと言ってくれますが、仕事を休んで代わりにやってくれるわけではなく、実家も遠くて上の子を預けることもできず、結局何もかも私がやらないといけない状況です。ここ一～二週はとくに肩こりと手足のしびれがひどく、朝はめまいと全身のだるさで起き上がれないことが多いです。心臓がどきどきして、おさまらないこともあり、冷汗をかいてしまいます。

上の子は、ママに遊んで欲しいさかりだと思うのですが、ついつい自分の体調が悪いと冷たくあたってしまいます。この前も、授乳中にあれこれ話しかけてくるので、「うるさい」といって怒鳴りつけたら泣いてしまい、それを見て私も布団に顔を隠して、泣いてしまいました。

下の子が生まれるまでは、毎晩絵本も読み聞かせ、おやつも手作りで用意していたのですが、最近はほとんど体によくないスナック菓子ばかりです。私が具合悪そうに寝ていると、大人しくビデオを見ているようですが、私の調子が悪いからといってビデオばかり見せているのも、子どもの発達のためによくないと反省します。本当に、ダメな母親です。

最近は上の子の明るさがなくなってきたように思います。もっと子どもと遊んで、楽しいところに連れて行ってあげて、優しい理想的な母親になりたいのですが、うまくいかず、私のほうが泣いてばかりです。子どもを産む前に思い描いていた母親像と自分があまりにもかけ離れているのが、悔しくてしかたありません。いったいどうすれば、理想の母親になれるでしょうか。

A44 「理想の母親」とは、失敗したときに泣いて、また笑えるお母さんのこと

産後のうつ状態の苦しい時期を薬なしで乗り切り、二人目のお子さんの完全母乳育児に取り組んでいこうとされているということ、それだけでも頑張り屋さんのママだということが伝わってきます。でも、朝からめまい、しびれと動悸……という状態は、〝そろそろ休養が必要だ〟というサインだと受け取ったほうがよさそうですね。

産後や更年期のうつは、ホルモンバランスの乱れという要因が大きいのですが、それに加えて、〝うつ〟になりやすい性格が関連している部分もあるのではないでしょうか。よく言われるように、うつ

病と、〝頑張り屋〟〝まじめ〟〝完璧主義〟〝責任感の強さ〟は、密接な結びつきがあります。求められることに〝完璧に応えようとする〟こころのシステムをつくり上げてしまうので、環境の変化（つまり求められることの変化）に対してついていけず、疲れてダウンするリスクが高いのです。

たとえば、女性特有のうつの一つに、「引越しうつ病」があります。念願のマイホームを建て、社宅やアパートから郊外に引越して、ほっと一息ついたころに、それは始まります。はたから見れば、喜ばしく、おめでたいことなのに、なぜか気分は沈み、からだも重く、動かなくなる。それは、ピカピカに掃除すべき部屋が増えたり、庭の手入れや、ご近所付き合いの新しい仕事が加わったり、急に広がった世界からの要請に、今までどおりに応え切れなくなるからです。ほころびのない完璧なシステムは、いったん崩さないと次の環境に適応できません。つまり、〝うつ〟は、いったん自分のこころのシステムを解体し、新たに組み替えるために必要な、休息と移行の時期だと考えられるのです。

ご質問くださったママも、一人目のお子さんが自我をはっきり出す年齢になり、また二人目の母親になるという子育て環境の変化にあたって、次のステージに向かう移行期を迎えていらっしゃるのではないかと思います。ここは、「理想の母親」を目指して頑張ろうと自分にむち打つよりは、可能な助けはできるだけ借りて、早め、早めに休息を取ってください。

そもそも、子どもにとって「理想の母親」とはどんな母親なのでしょう？　もちろん、いつも笑顔で明るく、優しいに越したことはありませんが、そんなことは不可能です。それよりも、失敗して、泣いて、悩んで、でもそこから立ち上がって笑うことのできる、人間らしいありのままのお母さんこそ、子どもに生きる力を与えるのではないでしょうか。子どもだって、成長途上でいつかは挫折や小さくない失敗を経験します。そのときに、理想的な親のイメージだけを与えられて育った子どもは、失敗した自分を責めるしかありません。むしろ、時には具合が悪くなったり、爆発したり、疲れて休息しながら、そこから回復するモデルを親が示してあげることに、私は意味があるのだと思っています。

ただ、三歳児ではまだ、数週間や数ヵ月という単位で母親を理解する目をもつことは難しいでしょうから、爆発してしまったときは、できるだけその日のうちに、お子さんと仲直りしてくださいね。ご自身がその気持ちになれない場合は、ご両親や夫に、お子さんを安心させる役を頼んでもかまいません。「大丈夫だよ、お母さんは疲れてるだけで、○○ちゃんのことが嫌いなんじゃないからね」と代わりに話してもらいましょう。そして、うつの症状が長く続いて、ひどくなる兆しが見えたら、完全母乳にこだわるよりも、一時的にお薬の助けを借りることも考えてください。

Q45 愛情をもって育てるということが、よくわかりません（20代女性）

四歳の娘と七ヵ月の息子がいます。上の子は、予定外の妊娠でいわゆる「できちゃった婚」でした。働かなくてはやっていけないので、上の子は保育所や実母にあずけていることが多く、いつの間にか大きくなっていたという感じです。正直、欲しくない状態のときに産まれた子どもだったこともあり、私も心の準備ができておらず最初はあまり愛情がもてませんでした。二歳くらいまでは、私より実母によくなついていました。

下の子も先月から保育所に預け、仕事に行っています。最近、保育所の先生から「もっと子どもに愛情をそそいであげて下さい」と言われました。下の子ができてからは、多少は私も親の自覚が生まれ、自分なりによい母親になろうと頑張っているつもりです。なるべく早く保育所にはお迎えにいくようにし、以前は九時、一〇時になることもあった夕食の時間も、必ず八時までには終わって、食卓で食べながら子どもが寝てしまうようなこともなくなりました。

ところが、下の子ができて娘にさらにかまってあげられなくなったからかもしれませんが、保育所では平気で嘘を言ったり、お友達にいじわるをしたり、不安定な様子が見られるそうなのです。それはしてはいけないことだと娘を叱るものの、いちいち口答えするので、ついカッとなって叩いたりしてしまいます。子育て経験のある職場の先輩に相談すると、叱らないで十分愛情をかけてあげるべきだ、と言われました。でも、私は両親共働きの家庭で育ち、きょうだいも多く、特別に愛されたという記憶もありません。愛情をもって育てるというのがどういうことか、実感としてよくわからないのです。

つい先日、休暇がとれたときに、友人の家族と一緒に、ディズニーランドに行きました。下の子を夫にみてもらい、娘といろいろなアトラクションを見に行ったのですが、友人の同じ年ごろの子どもたちは、母親から離れて先へ先へ走って行きたがるのに、娘だけはずっと私の服をぎゅっとつかんで、離れようとしませんでした。これも、愛情不足だからかと思うと、家に帰ってから落ち込んでしまいました。私が仕事をやめて、娘と一緒にもっといっぱいいろんなことをしてあげれば、よい娘に育ってくれるのでしょうか。

A 45

何かをしてあげることではなく、こころを受け止めること

「愛情たっぷりに」「愛情を込めて」子どもを育てましょう、とよく言われます。でも、実際どうするのがいちばん愛情を込めることなのか、いざ具体的な場面になってみるとよくわからないものですね。子どもを無条件に「可愛い」と思える人は、自分は子どもを愛していると信じています。でも、可愛いがり、甘えを受け入れ、精いっぱい欲求を満たしてあげることが「愛情深い子育て」かと改めて問い直せば、単純には応えられないでしょう。

また、「愛情」は、抽象的に美化されて使われがちな言葉なので、私は子育てにこの言葉を持ち込むのには慎重でありたいとつねづね思っています。とりわけ女性や母親に期待される「愛」は、自己犠牲的な無償の愛であり、聖母のような慈愛です。しかし、現代において、私たちは女性も男性もかかわりなく「自我」を育て、「自分」を生きることで社会に貢献するよう教育されてきました。学業に励み、キャリアを積み、その揚げ句、出産したとたんに自己犠牲的な「愛情」を要求されても、困惑してある意味で当然だと思うのです。

アメリカの著名な精神科医で、人間関係の発達を深く探求したH・S・サリヴァンという人は、「愛」を、「相手が経験する満足と安全が、自分自身の満足や安全と同等の重要性をもつようになること」と定義しています。つまり、「あなたがうれしいと、私もわがことのようにうれしい」また、「あなたが悲

しいと、私も自分のことのように悲しい」のが、愛するということだと言っているのです。私は、この定義が好きです。何かをしてあげることが、愛なのではない。側にいても、離れていても、相手が今どんな気持ちでいるかをわかり、わがことと同じ重みをもって感じられる関係が愛である、という表現には、臨床医としての経験から出た優しさがこもっています。

ご質問くださったママにも、そんな母娘の瞬間が、きっとおありでしょう。日々の忙しさと疲れに紛れて、忘れがちかもしれませんが、娘さんがすやすやと安らかな寝息をたてて眠るとき、同じように安らかな気持ちになり、また娘さんが熱を出して苦しそうにしているときには、自分の節々が痛むようなつらさを経験されているのではありませんか？　まずは、そんなふうにわが子を大切に感じている気持ちを思い出してください。その上で、その愛をどうやって表現するか、またどんなふうに相手に伝えるかを考えてみて下さい。

ママは、若くしてよく努力されていると思います。ほかの子と比べて、しっかり振る舞えない娘さんに、焦りや不安を感じられたかもしれません。でも、そんなに落ち込まないで。弟が生まれたばかりの娘さんにとって、ディズニーランドの時間はきっと「ママを独占できる」絶好のチャンスだったのです。その気持ちを大切に思ってみてあげてください。その気持ちを受け取っているよ、と娘さんに伝えてあげてください。より多く一緒にいるよりも重要なのは、「ここ」というときに、娘さんの気持ちを「わがことと同じ重み」で受け止めてあげられること。その要所さえ外さなければ、子育て上の不足はあってもたいてい無事にやっていけるものです。どうぞ、「子どものためにもっと何かをしなくては」と、自分を追い詰めないようにしてください。

Q46 仕事から子育てと介護に専念する生活になり、道を見失ったようです

（30代女性）

三六歳でずっと続けてきた仕事をやめ、三七歳で初めて母親になり、子育て中の新米ママです。それまでは、東京で広告代理店に勤めていました。仕事は管理職で部下もおり、かなり出来たほうだったと思います。毎日がとても充実していましたし、旅行に出かけたり習い事をしたりと、好きなことをして刺激的な毎日を送ってきました。

三〇代半ばを迎え、そろそろ職場でやれることはやってしまったように感じ、子どもも欲しかったので、そのころつき合っていた人と結婚して退職することに決めました。幸いすぐに妊娠し、子どもが生まれてからは最初少しとまどったものの、同じマンションのママ友達ができて、新しくできたお店に一緒に子連れでランチをしにいったり、それなりに子育ての生活も楽しくなってきたところでした。

ところが、三ヵ月前、主人の親の介護の都合で、主人が転勤願を出し、実家近くに引っ越すことになったのです。主人の実家は、田舎も田舎で、交通の便も悪く、過疎化していて子どもを育てるに適した環境ではありません。自然は美しくていいのですが、知り合いもおらず、地元の人の言葉もなまりが強くてよくわからないので、だんだん私も外に出たくなくなってしまいました。

同じように子育てをしている人も周りに見当たらず、悩みを相談できそうな人もいません。私自身、

とても孤立感に苛まれています。どこにも出かけようがないし、まだ言葉も喋らない子どもと家に二人っきりで閉じこもりがちです。目下のところ、施設に義父を送り迎えしたり、脚の悪い義母の買い物を手伝ったりするのは、夫がやってくれているので、私には単調な日々だけが過ぎていきます。こんなふうにずっと子どもとだけ向き合っているのは、子どもの将来のためにもよくないのではないかと不安です。

東京時代の友人は、自然の豊かな環境でいいねとうらやましがりますが、私にはまだ馴染むことができません。主人は、気分転換に子どもを保育所に預けて働きに出てもいいよ、と言ってくれますが、どこに働きに出るのも通勤に時間をとられ、子どもに時間をかけられなくなることが心配です。私は、どうせ子育てするなら出来るだけ完璧な環境を与えてあげたいし、子どもの成長を見逃したくないと思っています。保育所に預けている間に、「初めて歩きましたよ」とか、「初めてはさみを使えるようになりましたよ」というようなことは、絶対避けたい。全部、私が第一発見者になりたいのです。

あまりの環境の変化に、私自身適応できず、道を見失って「迷子」になっているのだと思います。私はただ、「よい母」になりたいだけなのですが、気持ちのもっていきようがありません。いったいどうしたら、自分を母親として育てられるでしょうか。

A46 「よい母」より「ほどよい母」をめざして

スピードが勝負の超多忙な都会の職業人から、母になり、しかも知人友人のいない田舎での家庭人への移行は、生まれ変わって別の人間になるほどの大事業であったことでしょう。

長年仕事人間だった女性が、親業に専念することを求められたときの反応は、意外に、男性の育児休業取得者の手記を読むとよくわかります。たとえば、わが国で初の男性育児休職者として〝時の人〟になった太田睦さんの著書『男も育児休職』（新評論、一九九二年）には、たった三ヵ月弱の休職でも、いくら赤ん坊の成長を見るのが楽しくても、社会的関係から断ち切られ、孤立して家に閉じこもる状態になったことが予想外にこたえたと書いてあります。有能な職業人であればあるほど、仕事を離れれば「迷子」になったような方向喪失感に襲われるのではないでしょうか。だんだん育児ノイローゼのようになって、仕事に忙しい妻にイライラ八つあたりし、台所でフライパンを振り回して暴れる夢を見た、という著者のエピソードにはリアリティが感じられます。

実際、自分が何かを達成していくという会社での「仕事」と、別の主体性をもった他者の成長を助けるという「しごと」とは、まったく異なる性質の営みです。その〝移行〟の過程で経験することは、女性も男性も変わりはありません。ただ、違うのは、男性は子育てを自分の人生のさまざまな経験の一つとしかとらえていないのに対し、女性はこの先ずっと（永遠に）「よい母親」にならなければならないという重責を自分に課す傾向があるというところです。仕事で達成感を得たように、子育てでも満点を取らなければと頑張ってしまうのです。

もしもご質問くださったママも、そんな重責を感じていらっしゃるなら、改めて自分のライフプランをじっくり見直してみてください。母子がずっと孤立した空間で過ごすことが、母子双方のこころの健康にとってよくないのはもちろんですし、子どもはいずれ、親の元を離れていかねばならない存在です。これから二〇年後（介護も終わり、子どもも巣立ったころ）を想像し、そのころあなたと子どもが一番幸せでいるために、今どうするのがよいかを長いスパンで考えてみてください。

「安心毛布」の項（Q16）でも紹介したイギリスの小児科医ウィニコットは、最も健全な子育て環境とは、時々子どもの期待に応え損ない、少しずつ子どもを幻滅させる〝ほどよい good enough〟母親のことだと言っています。いつも子どものそばに居て欲求を満たしてあげる「よい母親」より、適度に子どもと距離を置ける「ほどよい」母親のほうが、子どもはたくましく育つということです。もちろん、東京時代と同じようにスマートに働くことは無理でしょうけれども、母親になった視点を生かし、社会との接点を保てるような「しごと」は、お住まいの地でも見つけられるのではないでしょうか。

「自分を母親として育てる」ということに関しては、以前「就職氷河期」という言葉がよくマスコミに登場したころ、某新聞社が出している（つり公告のだじゃれで知られる）週刊誌の記事のタイトルに、「自分探し、自分でするな」という、洒落たキャッチコピーがあったのを思い出します。今どきの若者は、自分に向いた一番よい職業や会社を探し続ける。でも、そんなものは、自分で探してすぐ見つかるようなものではない。いろいろな人とかかわり、人から認められ、教えられる経験のなかで「ああ、そうか」と気づいていくものだという、逆説的でインパクトのある主張です。同じように言うなら、「自分育て、自分でするな」でしょうね。閉塞感と孤立感のなかで、いくら迷ってみても、自分だけでいくら頑張ってみても、答えは出ないと思います。

どうぞ、「自分育てを」と思い詰めず、いろいろな人とかかわり、お子さんとのほどよい距離を見つける工夫をしてください。そして、「第一発見者」になる喜びは、ときにはご主人や、保育所の先生におすそ分けしてあげてもいいのではありませんか？

Q47 娘に、私の両親の離婚をどう説明したらいいか困っています（30代女性）

五歳になる娘の母親です。実は、先月私の両親が離婚しました。

もともと父親は会社人間であまり家にいなかったこともあり、両親の間は円満というわけではありませんでした。母としては、家庭を支え、ずっと耐えて一人で子育てし、やっとこれから夫婦で旅行でもしながら、楽しくやっていけるのではと期待していた矢先だと思うのですが、父親が早期退職制度を利用して勝手に仕事を辞め、南の離島に土地を買って、そこで自給自足の第二の人生を送ると言い出したのです。すでに、母親は自宅で書道の教室を開いたり、友人や生徒とのネットワークも地域に根づいていて、どうしても父親についていくという気にはなれなかったようでした。一年以上かけ、何度も話合いをもったようですが、父親にとっても長年の夢だったらしく、ついに離婚して完全に別々の生活を始めています。こんな両親ですが、娘のことは二人ともとても可愛がってくれています。娘も毎年、夏と冬の帰省を楽しみにしていて、両親にとてもなついています。夫の両親がすでにいないこともあって、娘にとって私の両親は唯一のおじいちゃん、おばあちゃんであり、何でも言うことを聞いてくれる格別の存在のようです。今年の夏は、実家からもどってくるとき新幹線の駅で大泣きし、帰ったその日から「じーじとばーばに会いたいなあ、つぎはお正月だね」と言っていました。カレンダーに丸をつけて、つぎに両親に会える日を楽しみにしています。

娘にはまだ両親が離婚したことを伝えていません。この前、実家の母に電話をかけたときも「じーじは?」と聞くので母はなんとかごまかしていたようです。せめて帰省しているあいだだけでも、父に一時的に実家にもどってきて欲しいとも思うのですが、母はそれを頼むのはプライドが許さないみたいです。いつまでも、ごまかしているわけにもいきません。でも、こんな小さいうちから離婚なんてことを伝えてよいものでしょうか。頭の良い子だけに、いろいろ考えて、心を痛めるのではないかと心配です。

A 47 いろいろな、家族の愛のかたちがあることを伝えて

五歳とはいえ、理解力のある娘さんのようですから、ごまかし続けるよりは、わかる範囲でちゃんと

説明をしてあげたほうがよいと私は思います。

「じーじとばーばは、別々の家に住んでいるんだよ」「どうして？」……そこからが難しいところですが、どんなふうに説明するかはご両親とよく話し合ってみてください。

「それぞれ、したいことが別にあるからだよ」「ばーばは、一人暮らしがしたいんだって」なんていうのはどうでしょう。離婚は、自分の人生を大切にしたいという思いから決断されることです。最近、日本でもアメリカの子ども向けテレビ番組がよく放送されていて、離婚したシングルマザーと子ども、クリスマスに子どもを迎えに来る再婚した父親、離婚して一人で暮らす祖母、などがいくらでも登場します。兵役で遠くにいる父親、働く母親と子ども、といった家族を扱った翻訳絵本が小学一・二年生の夏休みの課題図書に選定されたりもしています。家族にはいろいろなかたちがあること、そしてかたちにはかかわらず、親が子を思い、祖父母が孫を思う愛情は同じなのだということを、しっかり娘さんに伝えることができればすてきだなあと思います。

離れて住んでいて、とくに離島に行ってしまったお父さんと長く会えなくなるのは、ご質問くださったママにとってもご心配でしょう。お二人には、娘さんが成長してパートナーを見つけるまで、ぜひお元気でいていただきたいものです。もし結婚式をするなら、そのハレの日ぐらいはそろってお祝いの席に座っていただきたいですよね。そのときまで、ママがご両親のどちらかに批判的になったりせず、それぞれを大切に思っていることを、折にふれてお子さんたちに伝えてあげられたらと願います。そうすれば、ひそかに娘さんが、〝じーじとばーば〟の関係にこころを痛めるようなこともなくなるのではないでしょうか。

Q48 母親になったのに、母を求める自分の気持ちをおさえられません（30代女性）

三歳と一歳の子どもの母親です。下の子の授乳もようやく終わり、子育ての最初の山を越えたかなと少しほっとしているところです。

問題は、私のことです。私は、あまり自分の親によい記憶がありません。私の母は、こころの通じ合わない人でした。とくに暴力を受けたり、何かひどいことをされたというわけではないのですが、いつもどこか別のところに魂が抜け出ているというか、こころここにあらずといった様子で、ぼーっと居間に一人で座っていた姿が一番によみがえります。私が話しかけても、「ねぇねぇ、こんなことがあったよ」と外であった嬉しいことを報告しても、「ああ、そう。よかったね」と言うだけで、目は笑っていない人だったのです。

父は、ほとんど家にはいませんでした。中二になったころ、どうやら別のところに女性と一緒に住んでいるらしいということが、近所の人から偶然聞いてわかりました。当時の自分のことは、もうはっきり思い出せない部分もあるのですが、リストカットする、夜遅くまで遊び歩く、食べ吐きをする（むちゃくちゃに食べて、自分で指をのどに突っ込んでトイレで吐く）などを繰り返していました。今思うと、とにかく寂しくて、自分をもてあましていたのだと思います。

幸い、心配した担任から紹介されたカウンセラーの先生（女性）に出会い、その後高校を出るまで毎週のように話を聞いてもらって、大学に進学するころにはずいぶん自分を見つめられるようになっていました。母親に与えてもらえなかったものを、いくらかその先生に満たしてもらったのではないかと感じています。大学で家を出て、それなりに楽しい二〇代を過ごし、そのまま家に帰らず結婚しました。父には経済的支援をしてもらって感謝しなくてはと、ドライに割り切るようになりましたし、「母は母、私は私で別の人間なんだ」、このままでもやっていける、と思うようにしてきました。

ところが、上の子を産んだときから、また母への怒りや、寂しさや、混乱した激しい感情がからだの奥のほうから突き上げてくるようになり、自分で自分をもてあましてしまうことがときどき出てきました。何とか家事はできますし、子どものこともいとおしいと思えるし、夫も協力的なので、昔のような状態に陥ることはありません。でも、「私の母はどこにいるの?」という思いが込み上げてきて、小さい子どものように泣ければ楽だと思うのですが、泣くこともできず、ただ苦しさにもがくように身もだえしてしまうのです。

私は私だけの母に会いたい。いつも自分から母を求めて、母から求められた経験がないからかもしれません。現実の母に、それをぶつけてもどうにもならないことは、今まで生きてきたなかでさんざん実感させられてきたはずなのに、今でもふとした瞬間に、母を求める自分の気持ちがおさえられないほどになるのです。私は、この思いをどうやって収めていけばよいのでしょうか。

A48 「母なるもの」を恋うる思い

自分が母親になってみてわかるように、母である女性もまた一人の個人であり、生身の普通の人間です。できないことも、困ったところもたくさんある、有限の存在です。そしてまた、どんなに一体感を求めても、母と子は「違う」別個の人間なのですね。

私たちはこの世に生まれてきて、そのような一人の母親と出会います。ここで、たまたま自分の求めているものをほどよく返し、満たしてくれる「お母さん」と出会えた人は幸運です。きっと、その後の人生においても、ほどほどに求め、ほどほどに与えられるという他者との関係を築くことができやすいでしょう。しかしながら、さまざまな事情でうまく自分の「お母さん」と出会えない人もいます。離婚、病気、早逝などによる物理的不在だけでなく、そばにいても、たまたま自分がとりわけ求めるものを母親が欠いていたり、応答のリズムや感情の波長が合わなかったりというような。私は、この〝個人としての母〟にうまく出会えなかった人は、〝大いなる母〟を求める気持ちを強くもつのではないかと思っています。ほどほどに満たされる（それはつまり、ほどほどに満たし損なわれる）経験をもてなかったがゆえに、無限に満たしてくれる〝母なるもの〟のイメージを恋い求めてしまうのではないかと。

山に登る人、海に潜る人、小説を書く人、絵を描く人。土を捻《ひね》る人。そういった冒険や創造的活動に身を投じる人々の多くは、内側から突き上げるこの〝母なるもの〟を恋うる想いに突き動かされて、そうするのではないでしょうか。ほどほどに満たされた人は、何かに駆り立てられたりはしません。そうではなく、〝個人〟の次元で満たされなかったからこそ、〝普遍〟の次元につながる通路がその人に開かれ、非日常の世界に触れることによって、創造と癒しが生じていくのです。大自然や宇宙という母なるものに抱かれる経験、と言ってもよいでしょうか。

ご質問くださった方が抱えておられるのも、そのような深く激しい想いなのでしょう。これは個人を超えた〝母なるもの〟への想いであり、個人としての「お母さん」にどれだけぶつけても満たされることは叶《かな》いません。幸い、ご両親以外の外の世界で、これまで多くのよい出会いがあり、信頼できる関係を築いてこられているようです。今あるものを大切にしながら、もう一つの次元に通じる何かを少しずつ模索してみてはどうでしょうか。何も、いきなりアルプス（目指す最高峰）に登ったり、深海に潜ったりする必要はないのです。妊娠・出産でできなかったこと、身近な好きなことから少しずつ始めてみていただけたらと思います。

おわりに

臨床心理士になって二一年、その前の訓練過程を含めると二六年余、私は面接室で多くの方のお話を伺ったり、治療室で子どもと遊んだりする仕事をしてきました。障害をもって生まれ、走ることも叶わなかった二歳の小さないのちから、重いこころの病を抱えつつ、四分の三世紀を生き抜いた人生の大先輩まで、さまざまな人の内面に触れ、共にする経験をさせていただいてきました。

そのなかで学んだことは、喜びを支えているのは深い悲しみであり、生や成長を支えているのは多くのものの死であり、輝きを支えているのは暗い闇だというこころの現実です。たとえ、悩みや症状を抱えた人がカウンセリングを求めてやって来られ、自分を見つめる苦しい作業をし、その先に素晴らしい成長を遂げていかれるときであっても、そこには長く悩みを抱えて生きてきた〝古い自分〟と別れる悲しみ、慣れ親しんだ自分を失う寂しさが存在します。家族や一族の重荷を背負って引きこもっていた子どもが、ようやく自分の人生を生きようと一歩外に踏み出すとき、しばしば符合したように飼い犬が亡くなったり、別の家族が病に倒れたりするのは、カウンセラーの臨床的経験としてよく知られていることです。何かを得れば、何かを失う。何かを失えば、何かが与えられる。人とのつながりのなかで生きている自分を考えるとき、喜びだけ、成長だけ、輝きだけ、ということはあり得ないのです。

子どもを生み、育てるという営みも、それと同じような視点で捉えるとしたら、どんなふうに言葉にできるだろう。どんなふうに伝えられるだろう。それが、私が本書を通して実現しようとしたことだと思っています。見えないほうの反面に目を凝らし、何十年後の未来から振り返り、山頂の高みや谷底の深みから「今、ここ」を眺めてみるだけで、苦しさだけの子育てにも新しい意味が立ち現れてきます。「趣味・実用」の棚に並べられるカラフルな育児書でなく、「専門書」の棚に並べられる心理学の理論書でもなく、Q＆Aという形式をとった事例集だからこそ表現できたことがあるはずです。どれだけその目的が果たせたか自信はありませんが、何か一節でも、一文でも、読んでくださった方のこころに響くところがあれば嬉しい限りです。

私は、論理的・抽象的思考が苦手で、体験からしかものが語れない人間です。その意味では、本当に私らしい本が出来上がったのではないかと感慨深く思います。本書の成立にあたっては、今まで私にさまざまな経験を与えてくださったすべての人々に御礼を申し上げなければなりません。臨床心理学の師である河合隼雄先生、出会ったクライエントの方々、子育てを通じてお世話になった先生方、同僚であり子育ての先輩である皆様、子育て支援サイトのユーザーと編集者の方々、そして何よりも、本書をまとめるにあたって質問の再構成をお手伝いくださり、安心と励ましをくださった人文書院の井上裕美さん、本当にありがとうございました。

最後に、亡き母と、孫思いの父と、私のよくばりな人生に付き合ってくれている夫と二人の娘たちにも、感謝を捧げます。

著者

著者略歴

高石恭子（たかいし・きょうこ）

1960年生。京都大学教育学研究科博士後期課程満期退学。甲南大学文学部教授・学生相談室専任カウンセラー。専門は臨床心理学。著書に『育てることの困難』（編、人文書院）、『大学生がカウンセリングを求めるとき』（共編著、ミネルヴァ書房）、『心理療法と物語』（共著、岩波書店）、『現代人と母性』（共編、新曜社）など。訳書に『女性の夢』（誠信書房）、『女性が母親になるとき』（誠信書房）など。

ISBN978-4-409-34046-2 C0011

臨床心理士《りんしょうしんりし》の子育《こそだ》て相談《そうだん》

――悩めるママとパパに
寄り添う48のアドバイス

二〇一〇年　二月二〇日　初版第一刷印刷
二〇一〇年　二月二五日　初版第一刷発行

著者　高石恭子
発行者　渡辺博史
発行所　人文書院
〒六一二-八四四七
京都府伏見区竹田西内畑町九
電話〇七五・六〇三・一三四四
振替〇一〇〇〇-八-一一〇三
印刷　創栄図書印刷株式会社
製本　坂井製本所
装丁　上野かおる
挿画　九重加奈子

http://www.jimbunshoin.co.jp/

高石恭子編

育てることの困難

今日の私たちの「育てること」をめぐる環境は、ますます困難なものになってきている。とりにくい育児休業、残業で疲れた夫、孤立する母親、虐待。育てた子どもがひきこもったら？　親を手にかけるような子どもになってしまったら？　子育てをめぐる不安はあとを絶たない。

本書では「育てること」を、乳幼児の子育てに限らず、子どもが巣立つまでの親と子の営み、ないしは世代の引継ぎという幅広い意味でとらえ、臨床心理学、精神分析学、教育学、社会学など領域をこえて幅広い視点から論じる。

二五〇〇円

表示価格（税抜）は2010年2月